Leichter Lesen Lernen

Die Deutsche Nationalbibliothek verzeichnet diese Publikation in der Deutschen Nationalbibliografie; detaillierte bibliografische Daten sind im Internet über http://dnb.dnb.de abrufbar.

Wolfgang Reif & Sonja Temme GbR
Oleanderstraße 12 - 41470 Neuss
Tel. 0 21 37/95 27 88
Fax 0 21 37/95 27 83

ISBN 978-3-928249-51-5
www.skript-verlag.de

Im Text finden Sie zahlreiche Hinweise auf die CD mit einer umfangreichen Materialsammlung zu diesem Buch. Die CD erhalten Sie direkt beim skript-Verlag (www.skript-verlag.de) oder im Buchhandel - ISBN 978-3-928249-52-2

Reinhard Dümler

LEICHTER LESEN LERNEN

ein modularer **Leselehrgang** zur Prävention von Lese- und Rechtschreibproblemen

skript-Verlag

Inhalt

Einleitung[1]

Wenn ich mich entschieden habe, einen eigenen Leselehrgang zu veröffentlichen, könnte es für den zukünftigen User meines Werkes möglicherweise interessant sein, die Motive für die Entwicklung und Veröffentlichung zu kennen. Ich werde dazu Auszüge aus einem Vortrag verwenden, den ich im September 2012 in Bremen gehalten habe. Unter dem Titel **Lese- und Rechtschreibproblemen vorbeugen** berichtete ich über:

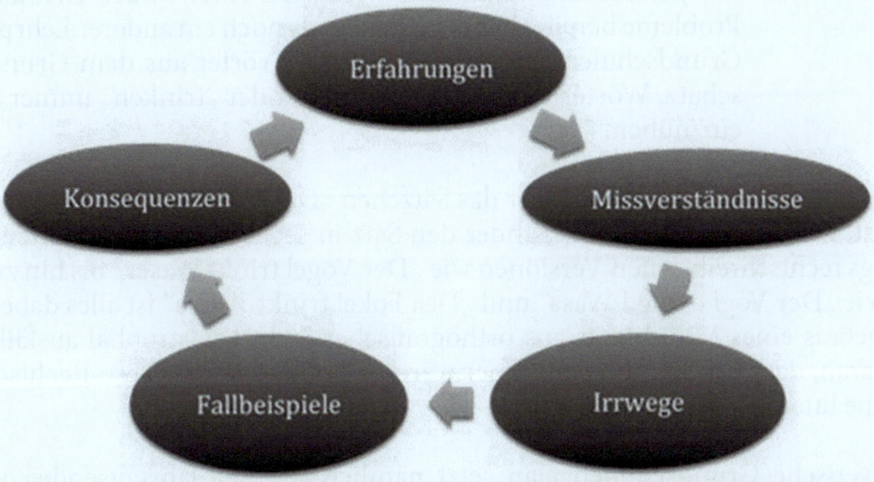

Nun ist es für eine Einleitung sicher nicht sinnvoll, den kompletten Vortrag wiederzugeben. Ich werde einiges weglassen (da es zum Teil an anderer Stelle nachlesbar ist), etwas hinzufügen und mich auch nicht exakt an die Reihenfolge des Vortrages halten.

Wenn in einer Tageszeitung (Main Post vom 16.2.2012) zwei Beiträge über die Rechtschreibleistungen unserer Schulkinder stehen und diese Beiträge keinen „Senf" erzählen, sondern die Realität beschreiben, sollte uns Pädagogen dies zu denken geben. Ich halte es für sinnvoll die beiden Artikel komplett zu zitieren:

1 Auszüge aus meinem Vortrag beim dgs-Kongress in Bremen. Thema: Lese- und Rechtschreibproblemen vorbeugen.

Der Vogl dringd Wasa[2]

Schreiben, was man hört:

Bayerns Grundschüler lernen seit einiger Zeit mit der Anlauttabelle schreiben. Seither machen sie viel mehr Rechtschreibfehler. Das ist lehrplangemäß.

Den Satz „Der Vogel trinkt Wasser" richtig zu schreiben, dürfte vor der Jahrtausendwende den wenigsten Zweit- oder Drittklässlern Probleme bereitet haben. Damals, als noch ein anderer Lehrplan für Grundschulen galt, pflegten Lehrer Wörter aus dem Grundwortschatz, Wörter wie „Vogel", „Wasser" oder „trinken", immer wieder einzuüben.

Wer heute eine Gruppe Zweitklässler das Sätzchen „Der Vogel trinkt Wasser" schreiben lässt, wird sehen, dass sechs Kinder den Satz in sechs Varianten schreiben. Von halbwegs rechtschreibtreuen Versionen wie „Der Vogel trinkt Waser" bis hin zu Varianten wie „Der Vogl dringd Wasa" und „Dea Fokel trinkt Wassa" ist alles dabei. Dass das Ergebnis eines Minidiktats aus orthografischer Sicht katastrophal ausfällt, liegt nicht daran, dass Kinder heute dümmer wären oder allesamt an Lese-Rechtschreibschwäche litten. Es liegt am Lehrplan.

Der bayerische Grundschullehrplan setzt nämlich seit der Jahrtausendwende auf eine neue Methode, den Schulanfängern das Schreiben schmackhaft zu machen. Die hundert Jahre alte Wortbildmethode, nach der alle heutigen Erwachsenen das Schreiben gelernt haben und die letztlich darin bestand, Kindern wenige und ausgewählte Wörter richtig beizubringen – sie ist im Mülleimer der Deutschdidaktik gelandet. Angeraten wird im aktuellen bayerischen Grundschullehrplan stattdessen das freie Schreiben mit Hilfe der Anlauttabelle. Die Methode sieht vor, dass Kinder praktisch am ersten Schultag die Anlauttabelle in die Patschehände kriegen, dort nachschauen können, welche Buchstaben im deutschen Alphabet zur Verfügung stehen und sich dann Wörter selbst zusammenbauen.

Nach der Anlauttabellen-Methode schreiben Kinder mindestens im ersten Schuljahr die Wörter so, wie sie sie hören. Weshalb Kinder, die „Fogl" schreiben, damit eigentlich nur beweisen, dass sie Laute korrekt hören können. Falschschreibungen sind

2 Autorin Gisela Rauch, Main Post vom 16.2.2012

laut bayerischem Lehrplan auch keine Schreibfehler mehr, sondern, Ausdruck einer „natürlichen Phase in der Schriftsprachentwicklung des Kindes". „Ein Vorteil dieser Methode ist, dass die Kinder ab dem ersten Schultag motiviert sind, eigenständig mit der Sprache umzugehen", sagt der Lehrstuhlinhaber für Deutschdidaktik an der Uni Würzburg, Professor Dieter Wrobel. Die Lust aufs Schreiben werde gestärkt. Viele Eltern sehen das nicht als Vorteil. „Wie sollen Kinder denn jemals richtig schreiben lernen, wenn sie erst alles falsch machen dürfen?", fragen sie sich. Viele Eltern befürchten auch, dass sich falsche Wortbilder einprägen.

Laut dem Staatsinstitut für Schulqualität und Bildung (ISB), das Bayerns Grundschullehrpläne erstellt, besteht diese Gefahr angeblich nicht. „Befürchtungen, dass sich falsch Geschriebenes einprägt, wurden von der Wissenschaft entkräftet", heißt es unter Bezugnahme auf eine Studie von Scheerer-Neumann von 1986 in der ISB-Schrift „Neuerungen im Deutschlehrplan für die Grundschule". Für „Unsinn" hält dies ein renommierter Würzburger Wissenschaftler. „Seit vierzig Jahren beschäftige ich mich mit Gedächtnisforschung. Dass sich ein falsches Schriftbild einprägt, ist belegbar", so der Würzburger Psychologieprofessor Wolfgang Schneider. Aus Sicht der Gedächtnisforschung sei die aktuell verwendete Schreiblernmethode falsch. Warum denn dann Bayerns Schüler nach dieser Methode lernen? „Das frage ich mich auch", sagt Schneider.

Auf die Frage, wer denn in Deutschland geprüft habe, ob Schüler mit der Methode des freien Schreibens mit Anlauttabelle im Endeffekt genauso gut schreiben lernen wie mit der Wortbild-Methode oder doch schlechter abschneiden, verweist Schneider auf Professor Hans Brügelmann aus Siegen, auf den auch im bayerischen Lehrplan oft Bezug genommen wird.

Brügelmann hat 2008 alle Untersuchungen, die die Wortbild-Methode der Methode des freien Schreibens gegenüberstellen, ausgewertet. Er hat diese Methode befürwortet, verbreitet, jahrelang untersucht. Und muss dennoch auf die Frage, ob sie denn der Wortbild-Methode inhaltlich überlegen sei, mit „Nein" antworten. Es gibt „keine Belege, dass freies Schreiben als Methode in der Breite erfolgreicher ist als normorientierte Lehrgänge", so seine Bilanz nach einem Vierteljahrhundert Beschäftigung mit der Methode. Wie rechtfertigt er dann deren Verbreitung? Die Selbstständigkeit der Kinder, sagt Brügelmann, werde durch die Methode größer.

Auch die nächste bayerische Schülergeneration soll mit der Anlauttabelle das freie Schreiben lernen. Diese Methode werde in den für 2014 zu erarbeitenden Lehrplan

Eingang finden, sagt die Referentin für Deutsch an der Grundschule am ISB, Eva Lang. Sie sagt, dass das freie Schreiben natürlich auch mit der Vermittlung von Rechtschreibstrategien kombiniert werden müsse. Und bestätigt auf Anfrage, dass die Methode des freien Schreibens nicht verpflichtend sei – auch wenn sich der Lehrplan aus Laiensicht in weiten Strecken so liest. Selbstverständlich dürften Lehrer in Bayern auch nach anderen Methoden unterrichten.

Leitartikel: Das Siechtum der Rechtschreibung[3]

Nationale Vergleichsstudie wurde versäumt

Schreibt man „schwer krank" getrennt oder zusammen? Schreibt man „Siechtum" mit oder ohne Dehnungs-H? Solche Fragen interessieren die meisten Schreiber nicht mehr; sie delegieren sie an das Rechtschreibprogramm ihres Computers. Die Lehre vom richtigen Schreiben – sie stirbt seit Jahren einen leisen, langsamen Tod. Nicht nur moderne Technologien aber sind daran schuld, dass das Rechtschreiben kaum einen Menschen mehr interessiert. Wenn für die deutsche Rechtschreibung, sagen wir's ehrlich, keine Hoffnung auf Rettung mehr besteht, dann auch deshalb, weil deutsche Bildungsexperten sie jahrelang gequält haben. Aktive Sterbehilfe, wenn man so will. Wie quält man eine Sprache? Das ist leicht zu beschreiben – wir haben es ja miterlebt: Man quält sie, indem man ihr eine Rechtschreibreform verordnet, diese dann in Teilen zurücknimmt und anschließend diverse Reformen der Reform beschließt – so lange, bis nicht einmal mehr professionelle Schreiber die aktuellen Rechtschreibregeln kennen. Massiven „Vertrauensverlust" vieler Schreiber in den Nutzen der Rechtschreibung haben Mitglieder des erst 2004 eingesetzten „Rats für Rechtschreibung" diagnostiziert. Bedauernswert ist indes nicht nur der Zustand der deutschen Rechtschreibung. Bedauernswert ist vor allem, dass die Notwendigkeit der teuren und aufwendigen Rechtschreibreform bei ihrer Einführung 1996 auch damit begründet wurde, dass Schüler von ihr profitieren würden.

Mittlerweile sind anderthalb Jahrzehnte vergangen – und niemand in Deutschland kann darüber Auskunft geben, ob Schüler aus ihr tatsächlichen Nutzen gezogen haben. Niemand – nicht einmal die Kultusministerkonferenz. Vor der Reform nämlich wurde versäumt, sich in einer groß angelegten Studie des Leistungsstandes damaliger Schüler zu versichern. Das hat der Rat für Rechtschreibung auf Anfrage

3 Autorin Gisela Rauch, Main Post vom 16.2.2012

dieser Zeitung bestätigt. Man kann die Rechtschreibleistungen heutiger Schüler also nicht mit denen damaliger Schüler vergleichen, weil offenbar niemals wissenschaftlich haltbar dokumentiert wurde, wie damalige Schüler damalige Rechtschreibregeln anwendeten.

Dass Reformen immerzu losgetreten werden, ihre Wirkung, ihr Nutzen, ihre möglicherweise auch verderblichen Folgen aber weder vorher diskutiert noch nachher kontrolliert werden – das passiert häufig in Deutschland. Man muss als Beleg dafür gar nicht mal die extrem schlecht vorbereitete Hartz-IV-Reform heranziehen, man kann, heute am Zeugnistag, auch durchaus beim Thema Rechtschreibung bleiben:

In zahlreichen Bundesländern, auch bei uns in Bayern, wird seit Jahren mit einer neuen Schreiblerntheorie gearbeitet, ohne dass deren Nutzen bewiesen wäre. Die Methode des freien Schreibens mit der Anlauttabelle besteht darin, dass Kinder in den ersten Grundschuljahren die Laute so schreiben, wie sie sie hören und dabei so viele Rechtschreibfehler machen dürfen wie sie wollen. Sogar ein großer Befürworter dieser Methode sagt, er habe keine Beweise dafür, dass Kinder dadurch besser schrieben.

Gerade eben hat das Institut für Deutsche Wirtschaft mitgeteilt, dass laut einer Umfrage unter Unternehmen Schulabgänger besonders in der Rechtschreibung extreme Defizite aufweisen. Ob das wohl mit der Reform und neuen Schreiblernmethoden zu tun hat?

Aufgrund meiner eigenen Erfahrungen mit dem Lesen- und Schreibenlernen habe ich mir gestattet, zu den beiden Zeitungsartikeln einen knappen Leserbrief zu schreiben:

Dass es mit der Rechtschreibung vieler Grundschüler schlecht steht, liegt an einem Missverständnis, welches unsere „Fachleute“ (die für den Lehrplan verantwortlich sind) in die Welt gesetzt haben. Das so genannte „freie Schreiben“ wurde von J. Reichens Leselehrgang „Lesen durch Schreiben“ abgekupfert (...). Dabei handelt es sich aber um einen (genialen!!!) **Lese**lehrgang. Wenn Schulanfänger damit das Lesen lernen, erreichen sie eine hohe Schriftsprachkompetenz. Dies entbindet aber weder den Lehrplan noch die Lehrkräfte von der Pflicht, den Schülern ein „ordentliches“ Rechtschreibtraining zukommen zu lassen. Derartige Missverständnisse (oder Irrwege) gibt es beim Lesen und Rechtschreiben zuhauf, weshalb ich mir die Mühe gemacht habe, über solche Irrwege ein ganzes Buch zu verfassen.[4]

Einige dieser Irrwege in Kurzfassung:

- **Fehlende Schulreife:** Keine oder oberflächliche Schuleingangsdiagnostik.

- **Falsche Voraussetzungen erwarten:** Da in vielen Kindergärten schon Programme zur Förderung der phonologischen Bewusstheit durchgeführt werden, gehen viele Lehrer davon aus, dass alle Voraussetzungen zum Lesenlernen da seien, und legen dann gleich im Eiltempo los, ohne selbst erst für die Voraussetzungen zu sorgen.

- **Verwirrende Druckschrift:** b d g p q

- **Inkonsequente VA:** Die *Vereinfachte Ausgangsschrift* wurde seit ihrer Entwicklung nur inkonsequent und nachlässig umgesetzt, sodass viele ihrer Vorteile nicht mehr zum Tragen kommen.

- **Zu wenig Schreiberziehung:** Wegen des Missverständnisses mit dem „freien Schreiben" glauben viele Lehrer, man müsse das Schreiben nicht mehr trainieren.

- **Lernen im Zeittakt:** Gemeinsamer Wochenplan von 5 oder mehr Klassen ...

Und bei Kindern, die beim Lesenlernen Probleme haben:

- **Abwarten statt handeln.**

- **Bescheinigung statt Förderung.**

- **Standardisierte Tests statt Ursachenforschung.**

- **und Vieles mehr (siehe mein Buch „Irrwege ...")**

Nun sollte ich von meinen eigenen Erfahrungen mit dem Lesenlernen berichten:

---

4 **Irrwege und Auswege** bei der Förderung von Lesen und Rechtschreiben, skript-Verlag, Neuss 2010

1978 hatte ich zum ersten Mal eine Erste Klasse und nicht die geringste Ahnung vom Schriftspracherwerb. Somit habe ich einfach die in der Schule vorhandene Fibel durchgearbeitet. Bei den Schülern fiel mir auf: Wenn der 5. Buchstabe gelernt war, hatten viele die vorherigen Buchstaben schon wieder vergessen. Und was sie beim „Zusammenlesen" tun sollten, wussten viele nicht. Das Zusammenlesen funktionierte zufällig oder eben nicht ... So zu unterrichten hat nicht wirklich Spaß gemacht.

Ich hatte dann längere Zeit keine Klassen mehr, habe aber in einem Seminar den Leselehrgang ***Lesen durch Schreiben*** von *J. Reichen* kennengelernt.

Als ich (ab 1986) wieder Erstklässer unterrichtete, habe ich ***Lesen durch Schreiben*** ausprobiert und bei mehreren Durchgängen an die Bedürfnisse meiner Diagnose- und Förderklassen angepasst.

Ab 2001 war ich wieder ohne Klassenführung und konnte im ***Mobilen Sonderpädagogischen Dienst*** viele Einblicke gewinnen. Einblicke und Erkenntnisse über Irrwege, die den Erfolgreichen Schriftspracherwerb blockieren. Der Schriftspracherwerb steht in einem großen Bezugsrahmen:

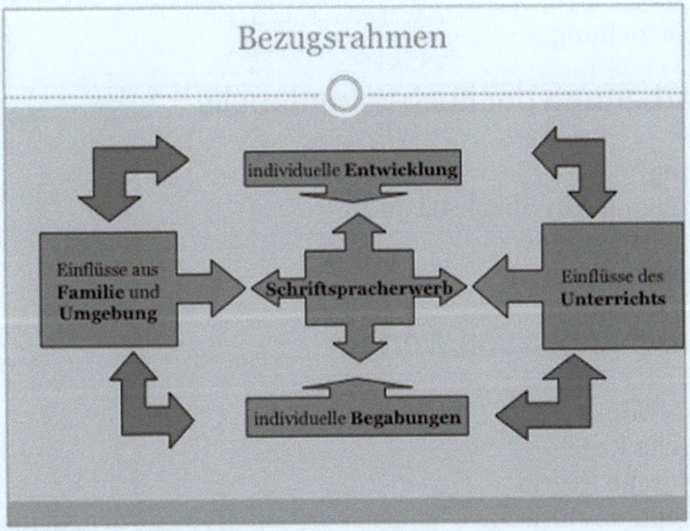

Als Klassenlehrer kann man nur einen einzigen dieser Faktoren beeinflussen. Wenn wir bedenken, dass die Probleme des einzelnen Kindes beim Schriftspracherwerb meist viel zu spät erkannt werden, und dass spätere „Förderungen“ oft nur Flickwerk sind, gibt es nur eine Erkenntnis: Wir müssen den Schriftspracherwerb so gestalten, dass alle Kinder die Möglichkeit haben, ihren individuellen Fähigkeiten entsprechend lesen und schreiben zu lernen.

Aus dieser Erkenntnis heraus habe ich auf der Grundlage von *J. Reichens* ***Lesen durch Schreiben*** ein **modulares** Leselernkonzept entwickelt, bei dem ich davon ausgehe, dass die Schüler ohne Stress lesen lernen können, ohne Zeitdruck und ohne zu schnelle oder zu hohe Anforderungen.

Die **Module** sind hier in der Einleitung nur im Überblick dargestellt; eine ausführliche Beschreibung mit Handlungsanleitung folgt im Hauptteil.

Modul A: Vorbreitung der Teilleistungen

- Phonologische Bewusstheit
- Artikulation
- Graphomotorik
- Visuelle Wahrnehmung
- Rhythmik
- Bewegungserziehung

Modul B: Erarbeitung der Buchstabentabelle

- Lautschulung
- Schreiberziehung: Großbuchstaben
- Individuelle Ankerbilder
- Weiterarbeit an Modul A

Modul C: Aufschreiben von Wörtern

- Lautgetreue Wörter
- Phonologische Regeln
- Orthographische Regeln
- Parallel: Graphomotorische Übungen zur Vorbereitung der Kleinbuchstaben

Modul D: Einführung der Kleinbuchstaben

- Ergänzung der Buchstabentabelle
- Schreiberziehung: Kleinbuchstaben aus liegender 8
- Zuordnung groß - klein
- Regeln der Groß -Kleinschreibung

Modul E: Lesen und Schreiben

- Lesen in der Fibel als Schnelldurchgang
- Schreiberziehung
- Aufschreiben von Wörtern und Sätzen
- Training des Satzbewusstseins
- Regeln der Groß - Kleinschreibung

Modul F: Lesefertigkeit steigern

- Blitzschnelle Worterkennung
- Weiterarbeit an Modul E

Modul G: Lesefähigkeit steigern

- Geschichten in der Fibel lesen
- Lese-Verständnis-Training
- Weiterarbeit an Modul E & F

Modul H: Einführung der Vereinfachten Ausgangsschrift

- Kleinbuchstaben aus liegender 8
- Groß- und Kleinbuchstaben trainieren
- Buchstaben zusammenfügen
- Wörter und Sätze trainieren

Bevor die Module detailliert erklärt werden, werde ich aber nun erst die **Prinzipien** meines Lehrganges erläutern. Im Anschluss an die dann folgende „Gebrauchsanweisung“ und die Handlungsanleitungen für die Module gibt es für die Lehrkräfte noch **Kopiervorlagen** und mehr als **1200 Bilder** auf einer **CD**.

Zum Schluss meiner Einleitung möchte ich den Leser oder zukünftigen Benutzer noch auf einen Nachteil dieses Leselehrganges hinweisen: Er wird dem Lehrer **viel** mehr Arbeit machen, als beispielsweise ein Fibellehrgang. Denn man muss zumindest in der Anfangsphase einen Teil des Materials selbst erstellen, man muss immer wieder kontrollieren und überlegen, wann man zum nächsten Modul weitergehen kann, man lässt eventuell verschiedene Kinder an unterschiedlichen Modulen arbeiten, ... Man wird aber durch die Freude belohnt, mitzuerleben, wie die Schüler täglich Lernfortschritte machen, mit Freude und Neugier arbeiten und stolz ihre Ergebnisse vorzeigen.

Die Prinzipien

Hinter meiner Konzeption stecken einige Prinzipien, die ich hier kurz erläutern möchte, damit der Leser oder zukünftige Nutzer meine Pläne und Ziele besser versteht.

1. Lesenlernen durch Aufschreiben

Wie bereits in der Einleitung erwähnt, habe ich früher den Lehrgang *Lesen durch Schreiben* von *J. Reichen* benutzt, ihn adaptiert und aus diesem Konzept einen eigenen Lehrgang entwickelt. Mit *Reichens* Methode wird das Lesen nicht durch Lesen, sondern durch Aufschreiben gelernt. Hierzu einige Erklärungen aus einer früheren Veröffentlichung von mir:

Die Probleme des Fibel-Lehrganges

Einen herkömmlichen Fibel-Lehrgang zum Lesenlernen halte ich schon in einer Regelklasse für problematisch: In gleichmäßigen Abständen werden den Schülern neue Buchstaben vorgesetzt, welche sie sich im gleichmäßigen Zeittakt einprägen müssen. Schüler, die beim Lesenlernen keine Probleme haben, schaffen dies sicher recht gut. Die Kinder, die Schwierigkeiten egal welcher Art beim Lesenlernen haben, bleiben auf der Strecke. So werden LRS - Schüler gemacht! (LRS = Lese-Rechtschreibschwäche, sog. Legasthenie) Trotz guten Willens kann es dem Lehrer kaum noch gelingen, den Problemschülern zu helfen, da der Abstand zur Klassennorm fast täglich wächst. Sehr bald stellt sich dann die Angst vor dem Lesen, ja sogar vor dem Lesebuch ein, da vom Kind ständig eine Aufgabe verlangt wird, die es nicht beherrscht.

Ein weiteres Problem von Fibel-Lehrgängen ist der eingeschränkte Wortschatz, mit dem dort gearbeitet wird (methodisch bedingt gearbeitet werden muss), was eintönige, oft geistlose Übungssätze ergibt. Kinder, die mit dem Erlernen des Lesens Schwierigkeiten haben, merken sich diese Sätze leicht auswendig, wodurch der Lehrer oft viel zu spät den Förderbedarf (die Hilfsbedürftigkeit) einzelner Schüler erkennt.

Es stellt sich hier die Frage, ob das eigentlich so sein muss, oder ob es nicht Alternativen dazu gibt!?!

Ich selbst bin vor Jahren zufällig an den Leselehrgang Lesen durch Schreiben gekommen, den ich seither anstelle von herkömmlichen Fibeln benutze.

Das Konzept von Lesen durch Schreiben
Die Methode

Mit Lesen durch Schreiben liegt ein Leselehrgang vor, der die eben beschriebene Problematik vermeidet, und meiner Meinung nach durchaus als „stressfreier" Leselehrgang bezeichnet werden kann, da er sich in seiner methodischen Konzeption grundsätzlich von anderen gängigen Lehrgängen unterscheidet. Der Autor dieses Konzepts ist J. Reichen aus der Schweiz. Reichen weist darauf hin, dass bereits die Schreibschulen der alten Griechen und Römer zeigten, dass man das Lesen durch Schreiben lernen kann. Laut Reichen wurde diese Methode von keiner geringeren als Maria Montessori wieder entdeckt. Es ist dabei aber zu beachten, dass mit Schreiben nicht die motorische Handfertigkeit gemeint ist, sondern die Fähigkeit, gesprochene Sprache in der Schrift festzuhalten. Es handelt sich also um keine manuelle, sondern um eine geistige Leistung. Der Schüler muss hierzu lernen, gesprochene Sprache in Schriftzeichen umzusetzen. Nach Reichens Aussage stellt sich dann nach einem halben Jahr des Schreibenlernens das Lesen als Begleit- oder Folgeprodukt ein. Das zentrale Ziel bei dieser Methode ist es, den Schüler zu befähigen, ein beliebiges Wort in seine Lautabfolge zu zerlegen, und danach phonetisch (= in seinem Lautbestand) vollständig aufzuschreiben. Auf die orthographische Richtigkeit kommt es dabei (zunächst) nicht an, da ja Lesen und nicht Rechtschreibung gelernt werden soll. Reichen weist allerdings darauf hin, dass Kinder, die auf diese Weise das Lesen gelernt haben, später weniger zu Rechtschreibschwierigkeiten neigen. Im Mittelpunkt des Unterrichts steht von Anfang an also die Bemühung, dem Schüler Einsicht in das Prinzip unserer Lautsprache zu vermitteln, und ihn zu befähigen, durch „Abhören" die Lautstruktur von Wörtern zu erkennen. Dazu muss er lernen, Laute zu erkennen und zu unterscheiden. Um einem gehörten Laut dann den entsprechenden Buchstaben zuzuordnen, steht dem Schüler eine Buchstabentabelle zur Verfügung, die ihm von Anfang an den gesamten Buchstabenbestand (dieses Lehrganges) in die Hand gibt. Somit steht auch von Anfang an ein uneingeschränkter Wortschatz zum Lernen zur Verfügung. Der Schüler vergleicht den jeweils gehörten Laut mit den Anlauten der dargestellten Abbildungen und kann somit feststellen, wie der Laut als Buchstabe aufzuschreiben ist. Es sollen aber nicht nur einzelne Wörter, sondern von Anfang an möglichst auch ganze Sätze aufgeschrieben werden. Im Sinne eines Werkstattunterrichts sollen die Schüler weitgehend selbständig lernen.

Im Rahmen dieser Methode wird der Schüler nie zum Lesen gezwungen. Der Lehrer kann warten, bis der Schüler selbst liest. Hierzu wird er quasi nebenbei durch Überschriften auf Arbeitsblättern, und durch zusätzlich angebotenes Lesematerial verführt.

2. Isolierte Schwierigkeiten

Während meines ersten Studiums hörte ich von einem Dozenten etwas vom „Prinzip der isolierten Schwierigkeiten". Es geht dabei schlicht und einfach darum, dass man Schülern nicht mehrere schwierige Aufgaben gleichzeitig zumuten kann, da sie sonst überfordert werden. Klingt logisch, ist logisch und wird doch häufig übersehen. Was müssen Schüler beim „normalen" Lesenlernen alles gleichzeitig kapieren?:

Es gibt Laute und Buchstaben, die kann man hören und sprechen, schreiben und lesen, von jedem Buchstaben gibt es einen Großen und einen Kleinen, die sehen oft ganz unterschiedlich aus, man muss sie aufschreiben, zusammenlesen, ...

Selbst wenn mit einer Buchstabentabelle (Anlauttabelle) gearbeitet wird, sind alle Buchstaben gleichzeitig vorhanden und ein Kind hat ganz schöne Orientierungsprobleme.

Um nun Schwierigkeiten zu isolieren, habe ich meinen Lehrgang in Module zerlegt, so dass es einerseits langsam, Schritt für Schritt weiter geht, und man andererseits eventuell mit verschiedenen Kindern an verschiedenen Modulen arbeiten kann, womit wir schon beim nächsten Kapitel sind.

3. Individualisieren und Differenzieren

Ein großes Problem beim (Lesen)lernen entsteht nämlich, wenn alle Schüler im Gleichtakt lernen müssen, egal ob die Voraussetzungen da sind oder nicht.

Ich konnte beobachten, dass es in manchen Schulen üblich ist, dass die Lehrer einen gemeinsamen Wochenplan erstellen. In einer großen Schule können durchaus 4 oder 5 erste Klassen sein, sodass beim gemeinsamen Wochenplan über 100 Schüler die gleichen Inhalte im gleichen Zeittakt lernen müssen. Es ist sehr unwahrscheinlich, dass dies alle schaffen! Wir müssen den Schülern ein individuelles Lerntempo zugestehen. Was der Eine auf Knopfdruck versteht, muss beim Anderen eventuell tage- oder wochenlang geübt werden. Mit der modularen Arbeitsweise haben wir die Möglichkeit, den Schülern individuelle Lernangebote zu machen.

Zur Individualisierung gehört für mich auch die Entwicklung einer individuellen Buchstabentabelle. Dies macht zwar in jedem Schuljahr neue Arbeit, aber die Schüler haben eine riesige Freude und Motivation, wenn auf der Buchstabentabelle nicht irgendwelche Bilder sind, sondern sie ganz persönlich: nicht M – wie Maus, sondern M – wie Maximilian ...

4. Ökonomie

Mein Leselehrgang soll sowohl für mich als auch für den Benutzer ökonomisch sein. Für mich insofern, als dass ich Arbeitsmaterialien, die in einzelnen Modulen nötig sind, aber von anderen Autoren übernommen werden können, nicht zusätzlich einfüge, sondern den Benutzer bitte, sich die Originale zu besorgen. Für den Benutzer besteht die Ökonomie darin, dass es nicht Lehrerhandbuch, dreierlei Schülermaterialien und Kopiervorlagen gibt, sondern nur ein Buch (+ CD), in welchem Anleitungen, Bilder und Kopiervorlagen enthalten sind. Auf ein Buch für die Schüler wird bewusst verzichtet, da der Umgang mit Büchern (egal ob beim Lesen oder in der Mathematik) für Schulanfänger sowieso recht schwierig ist.

5. Konsequente Schreiberziehung

In meiner Einleitung habe ich der Kurzfassung der Irrwege drei Punkte erwähnt, die sich auf die Schrift beziehen. Ich habe während meines mobilen sonderpädagogischen Dienstes viele Schüler gesehen, die Lese- Rechtschreibprobleme hatten, weil sie mit der Schrift nicht zurecht kamen. Schreiben, auch „Rechtschreiben“ kann man nur durch ständiges, konsequentes Üben lernen. Diese Erkenntnis erscheint trivial, wird aber anscheinend gerne vergessen, weil in vielen Klassen offensichtlich die Schreiberziehung fehlt. Zum Thema handschriftliches Schreiben zitiere ich einige Ausschnitte aus einer aktuellen Veröffentlichung:

„In einigen Grundschulen in Hamburg und im Rheinland steht die Schreibschrift mittlerweile nicht mehr auf dem Lehrplan. Die Schüler pauken das Abc hier von vornherein so, wie sie es auch in Zeitungen oder auf dem Bildschirm sehen: in schnörkellosen und unverbundenen Druckbuchstaben. ... Sollte die Schreibschrift tatsächlich einmal abgeschafft werden, stünde dann als Nächstes die Handschrift vor dem Aus? Studien zufolge könnte das problematisch sein. Denn sowohl geistig als auch körperlich scheint es von Vorteil, seine Gedanken ohne technische Hilfe auf Papier zu bringen. ... Studien zeigen: Schulanfänger sollten ihre ersten Schreibversuche trotzdem mit Füller oder Bleistift machen. ... Wir merken uns Informationen oft besser, wenn wir sie mit der Hand geschrieben haben statt per Tastatur. ... Jedes Schreibzeichen wird so mit einer einzigartigen Körperbewegung verknüpft. ... Die Handschrift wirkt auch als Motor für das Gedächtnis.“[5] Dies bedeutet: Je mehr wir üben, je größer der motorische Aufwand ist, desto komplexer und stabiler wird die Verknüpfung im Gedächtnis.

6. Einbeziehen der Eltern

Wie viel Zeit verbringen die Schüler in der Schule, wie viel Zeit verbringen sie zu Hause? Am Nachmittag, am Wochenende und in den Ferien sind sie zu Hause. Das erste Schuljahr fängt an und nach sechs Wochen kommen (in Bayern) die Herbstferien, ...

Wie viel Zeit hat der Lehrer, den Schülern das Lesen beizubringen? Sie, liebe Kolleginnen und Kollegen wissen selbst, was sie alles unterrichten müssen ...

Für das Lesenlernen bleibt also nicht wirklich viel Zeit. Es erscheint mir daher sehr wichtig, die Eltern gut über meine Vorgehensweisen beim Lesenlernen aufzuklären. Wenn die Eltern verstehen, worum es beim Lesenlernen geht, wenn sie wissen, worauf sie beim Schreiben achten müssen, können die Eltern ihre Kinder gut unterstützen und Hausaufgaben oder Übungen während der Ferienzeit werden sinnvoll. Deshalb mache ich relativ oft Elternabende und ganz zu Beginn des Schuljahres gibt es einen Elternworkshop zu den Voraussetzungen für das Lesenlernen. Tipps für Eltern-Info und Workshop gibt es in der „Gebrauchsanweisung“.

5 Paschek, G.: in *Gehirn und Geist,* Ausgabe 11/2012

Gebrauchsanweisung

Tipps zur Durchführung

Bereits in der Einleitung habe ich zu meinem Leselehrgang erwähnt: Er wird dem Lehrer **viel** mehr Arbeit machen, als beispielsweise ein Fibellehrgang. Denn man muss zumindest in der Anfangsphase einen Teil des Materiales selbst erstellen, man muss immer wieder kontrollieren und überlegen, wann man zum nächsten Modul weitergehen kann, man lässt eventuell verschiedene Kinder an unterschiedlichen Modulen arbeiten, ...

- Wie ist nun mit diesem Lehrgang umzugehen?
- Was muss man machen?
- Was kann man weglassen?

Grundsätzlich ist zu sagen, dass es sich nicht um ein Programm, sondern um ein Konzept handelt. Dem Benutzer werden viele Anregungen und Materialien angeboten, die er benutzen kann – aber nicht muss. Ähnlich wie bei der Urfassung von *Reichens* **Lesen durch Schreiben** habe ich mich damals zunächst weitgehend an den Anweisungen orientiert, habe dann Änderungen vorgenommen, weitere Änderungen gemacht, bis zum Schluss mein eigenes Konzept entstanden ist. Lehrkräften, die noch wenig Erfahrung mit dem Schriftspracherwerb haben, würde ich somit empfehlen, meinem Konzept mit den Modulen einigermaßen „streng“ zu folgen. Wer schon viel Erfahrung hat, sucht sich möglicherweise nur Teile davon aus ...

Kompliziert ist die **Zeiteinteilung**. Ich habe meine eigenen Wochenpläne zwar in der Gebrauchsanweisung angegeben, aber nur als Beispiel. Die Wochenpläne sind aus dem Schuljahr 2012/13, zwei Jahre vorher haben sie ganz anders ausgesehen! Da ich mit meinem Leselehrgang Lese- und Rechtschreibproblemen **vorbeugen** möchte, erscheint es mir grundsätzlich wichtig, sich beim Schriftspracherwerb Zeit zu lassen. Je länger man sich Zeit lässt, desto mehr Schüler kann man vor Lese- und Rechtschreibproblemen schützen.

Auch mit der **richtigen Sitzordnung** kann man Lese- und Rechtschreibproblemen vorbeugen:

Ich kenne aus meiner eigenen Schulzeit noch fest installierte Schulbänke. Da diese „gewisse Nachteile" hatten, wurden sie abgeschafft. Interessanterweise heißt aber auch heute noch jeder Tisch in der Schule nicht Tisch sondern Bank. Davon will ich hier aber nicht sprechen. Jetzt geht es um die Ordnung der Schulbänke (die ich ab jetzt Tische nenne) im Klassenzimmer. Aus der Anordnung der fest installierten Schulbänke ergab sich ja zunächst logischerweise die Anordnung der Tische in frontaler Reihe. Aus sozialen Gründen wurden dann andere Sitzordnungen erfunden, so dass man heute neben der frontalen Sitzordnung auch die Anordnung als Hufeisen oder Gruppentische, sowie Mischformen vorfindet. Was hat nun die Sitzordnung mit der Prävention von Problemen beim Lesen und Rechtschreiben zu tun?

Es geht in diesem Kapitel um vier Stichwörter:

- Nackenstress
- Visuelle Wahrnehmung
- Hörverständnis
- Frühkindliche Reflexe

Vorbeugung

Aus physiologischen Gründen plädiere ich für eine **dauerhaft frontale Sitzordnung.** Hufeisen, Sitzkreise, Gruppenanordnungen kann man bei Bedarf kurzfristig arrangieren, ansonsten sollte aber jeder Schüler **immer** frontal zur Tafel sitzen.

Mögliche Probleme

Wenn Schüler im Hufeisen oder an Gruppentischen sitzen, gibt es nur sehr wenige, die zum Lehrer oder zur Tafel schauen können, ohne den Kopf zur Seite oder gar nach hinten drehen zu müssen. Die permanente Kopfdrehung erzeugt ...

Nackenstress

Die Schüler werden sich zwar kaum über Nackenverspannungen beklagen – sie spüren sie möglicherweise gar nicht (im Gegensatz zum Autor, der sich bei Veranstaltungen immer so setzt, dass er geradeaus schauen kann). Dennoch kann es unmerklich zu Beeinträchtigungen der Lernleistungen kommen: Durch die Verspannung der Muskulatur wird die Blutzufuhr zum Kopf gedrosselt, so dass die Leistungsfähigkeit des Gehirns reduziert wird. Die Verdrehung der Halswirbelsäule kann zu blockierten Halswirbeln führen, was die Funktion der Nervenbahnen beeinträchtigen kann. Verspannte Sehnen lösen den Sehnenkontrollreflex aus, der wiederum die Aufmerksamkeitssteuerung (Fokussierung) beeinträchtigen kann.

Visuelle Wahrnehmung

Lese- und Schreibanfänger sollten immer gerade zur Tafel schauen können, damit sie dort alle Buchstaben unverzerrt und gleichmäßig erkennen können. Die Verarbeitung der visuellen Eindrücke im Gehirn ist hochkompliziert und erfordert ein hohes Maß an Integration im Gehirn, weshalb ein Schüler die Vorlagen möglichst in der Mitte des Gesichtsfeldes haben sollte.

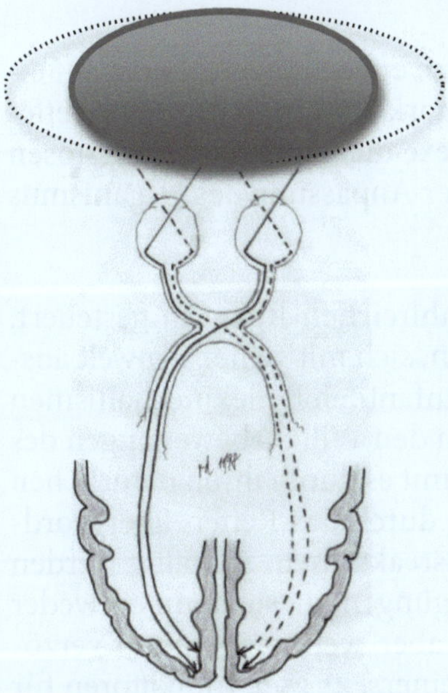

Wie man an der Graphik über die Sehbahn erkennen kann, werden visuelle Reize auf dem Weg vom Auge ins Gehirn teils auf der gleichen teils auf der gegenüberliegenden Gehirnseite verarbeitet. Optische Eindrücke vom Rande des Gesichtsfeldes werden nur in einer Großhirnhemisphäre verarbeitet, während Bilder aus der Mitte des Gesichtsfeldes von beiden Hemisphären verarbeitet werden.

Muss ein Schüler nun wegen der Sitzordnung ständig den Kopf drehen, kann es sein, dass er Buchstaben öfter nur am Rande des Gesichtsfeldes wahrnimmt. Wenn dies dann noch vom rechten zum linken Rand wechselt, sind für die Verarbeitung unterschiedliche Hemisphären zuständig und es besteht die Gefahr, dass der Schüler Buchstaben verwechselt oder spiegelverkehrt schreibt. Auch das Wiedererkennen von Buchstaben wird solcherart nicht erleichtert, was die Leseleistung hemmen kann.

Hörverständnis

Wie ich im nächsten Kapitel ausführlicher erklären werde, ist es von großer Bedeutung für das Kompensieren von Sprachverständnisstörungen, dass Schüler Informationen des Lehrers auch über den visuellen Kanal aufnehmen. Leicht können Informationen, die nur auditiv aufgenommen werden, reduziert werden oder ganz verloren gehen. Beim Lesen wird optisch Dargebotenes in Lautsprache übersetzt, beim Schreiben wird die Lautsprache in sichtbare Zeichen übersetzt. Wir haben beim Lesen- und Schreibenlernen also eine ständige Korrespondenz zwischen Hören und Sehen. Entsprechend ist es auch unerlässlich, das der Schüler seinen Lehrer während dieses Prozesses hören und sehen kann. **Eine möglichst große Dichte an visuellen *und* auditiven Eindrücken ist nur bei der frontalen Sitzordnung möglich.**

Frühkindliche Reflexe

Zugegeben, die Überschrift im Plural ist etwas übertrieben. Ich möchte mich hier nämlich nur mit einem Reflex beschäftigen. Der hat es aber in sich! Und zwar geht es im Zusammenhang mit dem Schreiben hier um den *asymmetrisch tonischen Nackenreflex*, abgekürzt ATNR.

Ein Reflex ist eine unwillkürliche Muskelreaktion. Diese entsteht als Antwort auf einen afferenten Reiz, welcher im Gehirn oder Rückenmark ankommt, und über efferente Bahnen eben diese Muskelreaktion bewirkt. Reflexe dienen dem reibungslosen Zusammenspiel einzelner Teile des Organismus und der Anpassung des Organismus an seine Umwelt.

Die Motorik eines neugeborenen Kindes wird von zahlreichen Reflexen gesteuert. Außerdem ermöglichen die Reflexe dem Neugeborenen, sich mit seiner Umwelt auseinander zu setzen. Im Allgemeinen verschwinden die infantilen Reflexmechanismen im ersten oder zweiten Lebensjahr, bzw. sie werden von den Willkürbewegungen des Kindes überdeckt. Zum Verschwinden der Reflexe kommt es durch ihren natürlichen Gebrauch oder durch passive Stimulation. Außerdem durch das Reifen übergeordneter Bewegungsmuster, wie Stell- und Gleichgewichtsreaktionen. Auffällig werden Reflexe bei Reifungsstörungen oder zerebralen Schädigungen, da sie dann entweder fehlen, zu früh, zu spät oder gesteigert auftreten. Oder aber, weil sie dann nur verzögert oder gar nicht verschwinden. Somit sind Reflexe einerseits gute Indikatoren für eine normale Entwicklung, wenn sie im richtigen Alter physiologisch auftreten. Andererseits sind sie aber auch die Indikatoren für Retardierungen oder Schädigungen, wenn sie pathologisch, also außerhalb des erwünschten Zeitraumes auftreten.

Der asymmetrische tonische Nackenreflex (auch asymmetrischer tonischer Halsreflex, Magnusreflex, tonischer Drehreflex, im Folgenden ATNR abgekürzt) tritt physiologisch im Alter von 1 bis 5 Monaten auf: Der Säugling befindet sich in Rückenlage. Wird der Kopf zur Seite gedreht, bewirkt der Reflex, dass die Extremitäten der

Gesichtsseite gestreckt werden, während die Extremitäten der Hinterhauptseite gebeugt werden. Gleichzeitig erfolgt eine minimale Verkürzung des Rumpfes auf der Gesichtsseite.

Dass sich Extremitäten und Rumpf nach einer Kopfdrehung bewegen, liegt daran, dass die Regulation des Muskeltonus nicht nur über die Rezeptoren in den Muskeln, Sehnen und Gelenken gesteuert wird, sondern auch durch das Vestibulärsystem mit seinen Verbindungen zum Gehör und zu den Augen.

Frühkindliche Reflexe sollen Entwicklungen anregen, nach Ablauf der Zeit, in der sie physiologisch auftreten aber wieder verschwinden, um höheren Bewegungsmustern, später vor allem den Willkürbewegungen Platz zu machen. Man sagt dann, der Reflex sei integriert. Werden Reflexe nicht integriert, können sie immer wieder ausgelöst werden (man spricht von persistierenden Reflexen) und in die Willkürbewegungen einschießen, was im Falle des ATNR zu erheblichen Störungen führt. Die Spätfolge eines nichtintegrierten ATNR bei Erwachsenen ist z. B. ein angeblich zu kurzes Bein. Immer bei der Kopfdrehung verkürzt sich die Rumpfmuskulatur an einer Seite (siehe oben), wodurch es im Laufe der Jahrzehnte zu einem Beckenschiefstand und einem vermeintlich kürzeren Bein kommt. Wenngleich dieses Problem nichts mit Lesen und Schreiben zu tun hat, wollte ich es erwähnt haben, um zu zeigen wie langwierig und nachhaltig die Probleme sind, die durch einen nichtintegrierten ATNR verursacht werden.

Nun aber ans Kind: Ein Erstklässler schreibt, bei einer Kopfdrehung wird ein persistierender ATNR ausgelöst und es schießt ein Bewegungsimpuls in den Schreibarm. Dieser Impuls wird selten so stark sein, dass die Bewegung direkt wahrnehmbar ist. Aber der Schüler muss diesen Impuls kompensieren, das heißt, es wird ihm eine zusätzliche Steuerung seiner Motorik abverlangt, einfach ausgedrückt, er muss sich beim Schreiben wesentlich mehr anstrengen. Je stärker der Reflex einschießt, desto mehr muss der Schüler dagegen ankämpfen. Schüler mit einem persistierenden ATNR haben oft massive Schriftprobleme. Nun wirkt sich eine gestörte Schrift einerseits grundsätzlich negativ auf die Rechtschreibung aus, andererseits muss sich dieser Schüler so sehr auf den reinen Schreibvorgang konzentrieren, dass für die Beachtung der Rechtschreibung nur noch wenig Kapazität übrig bleibt.

Ich habe ganz aktuell einen Viertklässer mit einem persistierenden ATNR betreut. Er hatte ernorme Schriftprobleme, die durch die therapeutische Integration des ATNR behoben werden konnten. Normalerweise kann man den Reflex nur bei

gezielter Überprüfung feststellen. Einmal hatte ich aber das Glück, den Reflex „live“ zu beobachten. Bitte betrachten sie das E im nebenstehenden Kreuzworträtsel. Der Reflex ist so massiv eingeschossen, dass der Mittelstrich des E enorm verlängert wurde. Am Ende sieht man sogar, wie der Schüler versucht hat, den Reflex zu kompensieren, wodurch sich ein Haken in die Gegenrichtung ergeben hat.

Nun hat der Klassenlehrer in der Grundschule weder die Möglichkeit, seine Schüler auf persistierende Reflexe zu überprüfen, noch hat er die Möglichkeit, daran therapeutisch zu arbeiten. Was bleibt ist wiederum die Prävention: **Alle Schüler sitzen in frontaler Sitzordnung, so dass Kopfdrehungen beim Schreiben vermieden werden**.

Elternarbeit

Wenn schon Lehrplankommissionen nicht wissen, worum es beim Lesen – und Schreibenlernen geht (siehe Einleitung), wie sollen es dann die Eltern wissen? Als Lehrer sollten wir somit die Eltern so intensiv wie möglich einbeziehen.

Wenn der Erstklasslehrer schon vor der Einschulung Kontakt zu den Eltern oder zum Kindergarten hat, wäre es hilfreich für den Schriftspracherwerb, schon frühzeitig das Merkplatt ***Erfahrungen mit der Schriftsprache*** an die Eltern weiter zu leiten.

Kopiervorlage dazu auf CD-Ordner: Elternarbeit ➔ Erfahrungen mit der Schriftsprache

Um die Schüler auf die Anforderungen des Schreibens vorzubereiten, kann man den Eltern – ebenfalls schon vor der Einschulung – ***Tipps für die Förderung der Hand- und Fingergeschicklichkeit*** geben.

Kopiervorlage dazu auf CD-Ordner: Elternarbeit ➔ Hand- und Fingergeschicklichkeit

Besteht vorher kein Kontakt zu den Eltern, können die beiden Tipps natürlich auch am ersten Schultag an die Eltern verteilt werden.

Elternabend zur phonologischen Bewusstheit

Einen Elternabend zur phonologischen Bewusstheit und zur Arbeit mit der Buchstabentabelle halte ich immer ganz am Schuljahresanfang:

Für einen speziellen **Elternabend zur phonologischen Bewusstheit** gibt es zwei gute Gründe:

1. Die Kinder verbringen viel mehr Zeit zu Hause als in der Schule, das heißt dass man die Zeit der Eltern nutzen sollte.
2. Wenn Eltern ohne Anleitung mit den Kindern üben – und das tun sie (hoffentlich) bei jeder Hausaufgabe, ist dies oft kontraproduktiv, weil sie gar nicht wissen, wie in der Schule gelernt wird. Da reicht es schon, wenn die Eltern buchstabieren anstatt zu lautieren, um die Kinder durcheinander zu bringen.

Der Elternabend sollte möglichst **frühzeitig** im ersten Schuljahr durchgeführt werden.

- Zum Elternabend – auch falls er am Nachmittag stattfinden sollte – keine Kinder mitbringen! Die Eltern sollen ungestört lernen!
- Betonen Sie bei der Einladung die Wichtigkeit dieses Elternabends für das Erlernen von Lesen und Rechtschreiben.
- Die Eltern sollen verschiedenes Obst, Knabbersachen und Süßigkeiten mitbringen.

Sie brauchen bei der Veranstaltung – selbstverständlich – nicht alle vorgeschlagenen Übungen durchzuführen, wichtig ist aber, dass jeder Teilbereich berücksichtigt wird, damit die Eltern die Aufgabenstellung verstehen.

Einleitung

Stimmen Sie die Eltern damit ein, dass wir heute so tun wollten, als ob die Eltern selbst noch nicht lesen könnten. Als Vorbereitung zum Lesen seien verschiedene „Spiele“ wichtig, die jetzt durchgeführt würden. Am Ende werde nicht mehr gespielt, sondern mit der Buchstabentabelle richtig geschrieben.

Bereich Lauschen

- bei geöffnetem Fenster hören, welche Geräusche von draußen kommen – die Geräusche verbalisieren
- Geräusche bei geschlossenen Augen identifizieren: Wecker rasselt, Papier zerknüllen, Papier schneiden, Wasser plätschert, ...
- Alltagsgeräusche (vorher aufgenommen, oder von käuflicher Kassette / CD) abspielen und identifizieren (Staubsauger, Waschmaschine, Mixer, Auto, ...)
- Richtungshören: Einen tickenden Wecker an verschiedenen Stellen im Zimmer verstecken, lauschen und finden
- Geräusche mit geschlossenen Augen identifizieren: Klopfen, kratzen, reiben auf Fußboden, Tisch, Tasche, Stuhl, Papier, ...

Bereich Wortbewusstsein

Einzelne Wörter aus dem Redefluss herauszuhören ist nicht selbstverständlich, weil man die Gesamtheit einer Aussage aufnimmt. Je mehr sich die Schriftsprache entwickelt, desto besser erkennt man einzelne Wörter. Andererseits muss sich aber ein Wortbewusstsein entwickeln, damit sich die Schriftsprache aufbauen kann.

Den Eltern könnte man durch unterschiedliche Versuche bewusst machen, wie schwierig es ist, Wörter zu identifizieren:

- selbst einen Satz in überhöhtem Sprechtempo sprechen und hinterher fragen, ob oder wie oft ein bestimmtes Wort vorgekommen ist
- eine Aufnahme von einer Nachrichtensendung vorspielen und hinterher nach bestimmten Wörtern fragen
- eine fremdsprachige Aufnahme vorspielen, dann nach bestimmten Wörtern fragen

Dann die eigentlichen Spiele

- man erzählt eine Geschichte, in der die Namen der Anwesenden vorkommen, jeder der seinen Namen hört, steht auf
- man erzählt eine Geschichte, in der öfter das Wort *Nuss* vorkommt, immer wenn man das Wort hört, darf man sich eine Nuss schnappen
- gleiches Spiel mit anderen Naschereien, Obst, ...
- gleiches Spiel mit anderen Gegenständen, die auf dem Tisch liegen
- gleiches Spiel mit Bildern, die auf dem Tisch liegen

Bereich Reime

- mitgebrachte Gegenstände hochheben, Reime dazu finden, es können auch Unsinnswörter sein
- Bilder von Spielen aufdecken, Reime dazu finden, Unsinnswörter sind erlaubt
- Kinderreime, Gedichte, Abzählverse aufsagen
- Kinderreime, Gedichte, Abzählverse unvollständig aufsagen: Reimwort fehlt und muss vom Nächsten ergänzt werden
- Kinderreime, Gedichte, Abzählverse aufsagen, am Ende falsches Reimwort verwenden, der Andere muss den Fehler erkennen und richtig stellen
- Angelspiel (Angel, Magnet, Bilder, Büroklammern) mit Reimpaaren basteln

Bereich Silben-Segmentieren

- den eigenen Namen klatschen
- Dinge im Raum benennen und klatschen
- Silbenessen: Von den mitgebrachten Sachen (Obst, Knabbersachen, Süßigkeiten, ...) so viele Stücke essen, wie Silben im Namen stecken: Ba-na-ne, Bir-ne, Nuss, Scho-ko-la-de, ...
- klatschen und finden: reale Gegenstände oder Bilder liegen auf dem Tisch: Jemand klatscht, der Andere muss etwas mit passender Silbenzahl dazu finden
- „Mutter, wohin darf ich reisen?“: Mutter sagt „Hamburg“, Kind spricht „Hamburg“ und macht dabei zwei große Schritte. Und jetzt quer durch Deutschland!
- Silbenpuzzle: Bilder (aus Prospekten etc.) nach Silbenzahl zerschneiden und wieder zusammensetzen
- Angelspiel (Angel, Magnet, Bilder, Büroklammern) mit zerschnittenen Bildern basteln, was zusammen passt, wird dann geklatscht
- „Müll trennen“: Abfalleimer werden mit einem, zwei, drei Punkten markiert, der Müll wird je nach Silbenzahl eingeordnet

Tipp: Übungen zur Silbe nur so lange machen bis die Kinder verstanden haben worum es geht. Wenn auf der Lautebene geübt wird, nicht mehr auf der Silbenebene üben, da sich Silbenklatschen und Analyse von Einzellauten evtl. in die Quere kommen. Manche Kinder wissen dann nicht mehr, ob sie auf Silben oder Laute achten sollen.

Bereich Laute

- alle, deren Name mit M (etc.) anfängt, stehen auf!
- Gegenstände im Raum oder Bilder auf dem Tisch: „Ich sehe was, was du nichts siehst – und das fängt an mit ...
- Dinge oder Bilder nach gleichem Anlaut ordnen
- Bilder – z. B. Memory – nach Anlaut aussuchen: Such alles, was mit /a/, ... anfängt!
- Gegenstände im Krabbelsack: Finde alles, was mit ... anfängt, andere Sachen müssen im Sack bleiben!
- Angelspiel (Angel, Magnet, Bilder, Büroklammern) mit Bildern basteln, die den gleichen Anlaut haben
- um einen Gymnastikreifen (oder etwas Ähnlichem) liegen Bildkarten, fast alle Wörter fangen mit dem selben Laut an – einige mit anderen Lauten, man lässt eine Kugel im Reifen rollen, bleibt sie an einem Bild mit dem gewünschten Laut stehen, werden Wort und Anlaut benannt, steht sie bei einem Bild, das den Ziellaut nicht hat, wird das Bild umgedreht
- auf drei bis fünf Teppichfliesen liegen einige Bilder oder Gegenstände mit jeweils dem selben Anlaut – das Kind erhält Anweisung, etwas zu holen, das mit dem entsprechenden Anlaut beginnt – es kann zum Zielwort hüpfen, kriechen, laufen, schleichen, ...

Tipp: Bei diesen Übungen immer darauf achten, dass die Eltern lautieren und nicht buchstabieren. Dies ist der beste Zeitpunkt, um ihnen den Unterschied „einzuimpfen".

Bereich Analyse

- Gegenstände im Raum oder Bilder benennen, das Wort **deutlich aussprechen**, dann in „Robotersprache" sprechen: Oma, O-m-a
- gleiche Übung, beim „Roboter" Zahl der Einzellaute mit Fingern mitzählen
- gleiche Übung, beim „Roboter" für jeden Einzellaut einen Spielstein legen
- gleiche Übung, beim „Roboter" für jeden Einzellaut einen Punkt (oder Kreis oder Strich) malen

Tipp: An dieser Stelle die Eltern immer wieder darauf hinweisen, dass es um Laute, nicht um Buchstaben geht! Wenn man ein sch hört, wird nur ein Punkt gemalt!!!

Bereich Synthese

Der „Roboter" kommt wieder zum Einsatz. Man spricht in Einzellaute zerlegte Wörter vor, der Spielpartner muss sie erkennen. O-m-a heißt Oma, ...

Vom Einfachen zum Schwierigen:

- kurze Wörter verwenden, zwei Gegenstände oder Bilder liegen zur Auswahl bereit
- immer noch kurze Wörter zerhacken, mehr Gegenstände oder Bilder liegen zur Auswahl bereit
- längere Wörter verwenden, zwei Gegenstände oder Bilder liegen zur Auswahl bereit
- längere Wörter verwenden, mehrere Gegenstände oder Bilder liegen zur Auswahl bereit
- ohne Einschränkung Gegenstände oder Bilder verwenden
- Wörter zerhackt vorsprechen, für die keine sichtbaren Repräsentanten vorliegen

Einführung der Buchstabentabelle

Um den Eltern zu zeigen, wie mit einer Buchstabentabelle gearbeitet wird, und um ihnen zu zeigen, wie schwierig das Lesen und Schreiben am Anfang ist, kann es hilfreich sein, eine Buchstabentabelle mit erfunden Buchstaben zu verwenden. Die Buchstabentabelle, die ich hier als Beispiel zeige, ist aus der alten Version von *Reichens* ***Lesen durch Schreiben***. Die Vorlage mit den Pseudobuchstaben habe ich vor vielen Jahren von einer Kollegin erhalten, der Schöpfer dieser Idee ist mir leider nicht bekannt. Und jetzt ans Werk mit den Eltern:

- Wir wollen *Oma* aufschreiben. Erst mit „Roboter" und Punkten oder Kreisen schauen, wie viele Buchstaben wir brauchen, dann geht es ans Schreiben:
- zuerst höre ich ein o wie bei Ofen - entsprechendes Zeichen aufschreiben
- dann höre ich ein m wie bei Maus - entsprechendes Zeichen aufschreiben
- dann höre ich ein a wie bei Affe - entsprechendes Zeichen aufschreiben

Und so weiter mit anderen Wörtern!

Und jetzt ein Spiel für zu Hause: Zur Festigung der Ankerwörter wird auf der Buchstabentabelle ein Hüpfspiel gemacht. Wenn die Tabelle, die Sie in der Klasse verwenden werden, schon feststeht, wird diese benutzt. Wenn die endgültige

Buchstabentabelle erst noch mit den Schülern erarbeitet wird, kann für die Elternübung jede beliebige Tabelle benutzt werden, allerdings mit dem Hinweis, zu Hause dann nur diejenige zu benutzen, die der Lehrer den Schülen mitgibt. Das Spiel: Ein Spielstein wird an den Rand gestellt, man würfelt, hüpft und spricht dort wo man angekommen ist: /l/ wie Lampe, oder /sch/ wie Schiff, ...

Kopiervorlage für die Buchstabentabelle mit Pseudobuchstaben auf CD-Ordner:
Elternarbeit ➔ Pseudobuchstaben

Elternabend zur Druckschrift

Ich informiere die Eltern über mögliche Probleme beim Schreiben und gebe ihnen ein Merkblatt mit.

Normalerweise lernen Schüler beim Schreibenlernen zunächst die Druckschrift. Es gibt zwar auch Diskussionen, auf die Druckschrift zu verzichten, aber dieser Ansatz wird sich kaum durchsetzen.

Richtformen für die Druckschrift

Ich zeige hier den Vorschlag für die Druckschrift aus dem amtlichen bayerischen Lehrplan.

Beim Schreiben der Druckschriftbuchstaben müssen die Schüler sowohl die Form als auch die Bewegungsrichtung beachten. Interessant ist, dass laut amtlichem Lehrplan die handgeschriebene Druckschrift aus bewegungsökonomischen Gründen von der gedruckten Vorlage abweichen darf. Deshalb gelten die Buchstabenformen als Richtformen.

Mögliche Probleme mit der Druckschrift können sowohl aus den Vorlagen, die der Lehrer für die Schrift verwendet, als auch aus den Fertigkeiten des Schülers entstehen. Und natürlich aus der Kombination aus beiden Komponenten.

Probleme mit der Vorlage

Ein großes I lässt sich kaum von einem kleinen l unterscheiden. Und hier am Computer haben wir das gleiche Problem. Ich werde den Satz noch einmal mit eine anderen Schrift versuchen: **Ein großes I lässt sich kaum von einem kleinen l unterscheiden**. Bei dieser Schrift ist die Unterscheidung jetzt leichter. Oft ist der senkrechte Strich beim t ohne Bogen.

Ich wiederhole:
Oft ist der senkrechte Strich beim t ohne Bogen. Wenn er dann etwas zu kurz gerät, wird aus dem **t** leicht ein +.

Probleme der Schüler:

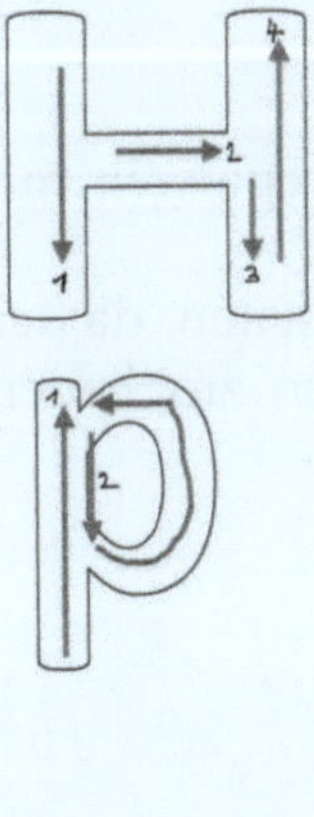

Schüler die Probleme mit der visuellen Wahrnehmung und/oder der Links-Rechts-Orientierung haben, können leicht b mit d und p mit q verwechseln, da diese vier Buchstaben aus einem Kreis und einem Strich zusammengesetzt sind und keine weiteren diakritischen Merkmale haben. Ein weiteres Problem bei solchen Schülern ist, dass sie sich oft nicht die Schreibbewegungen merken und dann zu ganz eigenen Bewegungsabläufen kommen. Diese behindern die Zügigkeit der Schrift, weil das Kind immer wieder die Richtung wechseln muss.

Beispiel: Ich habe ein Kind beim Schreiben beobachtet und aufgezeichnet, wie es die Buchstaben H und p schreibt. Es fängt das H wie ein h an und setzt dann einen weiteren Strich an, diesen aber von unten nach oben. Beim p beginnt es von unten nach oben, fährt dann auf der Spur nach unten zurück, um dann den Kreis von unten linksherum zu komplettieren. Das Gefährliche an solchen Schreibfehlern ist, dass der Lehrer fast keine Chance hat, sie zu entdecken. Denn wenn der Buchstabe geschrieben ist, kann man solche Fehler fast nicht mehr sehen. Bitte glauben Sie nicht, dass solche Abweichungen nur selten vorkommen! Ich habe ähnliche Fehler bei fast allen Schülern beobachtet, die mir wegen Lese- oder Schreibproblemen vorgestellt wurden.

Kombinierte Probleme

Wenn wir nun Kinder haben, die Probleme mit der visuellen Wahrnehmung oder der Schreibmotorik, oder einfach nur mit der Aufmerksamkeit haben, passiert es leicht, dass Buchstaben „zerstückelt“ werden. Die Schüler sehen, dass die Buchstaben aus bestimmten Formelementen zusammengesetzt werden, schaffen es aber nicht, diese exakt zusammenzusetzen.

Beispiel: das a wird im Druckschriftlehrgang aus einem Oval und einem senkrechten Strich zusammengesetzt: O + I = a

Werden diese beiden Elemente nicht exakt aneinander gesetzt, ergibt sich folgendes Bild für ein a: OI

Solche Zerstückelungen können auch bei vielen anderen Buchstaben auftreten.

Vorbeugung

- den Schülern die Buchstaben mit leichten Veränderungen anbieten
- auf jeden Fall Richtungspfeile und Nummern für die Schreibbewegungen mit einfügen
- die Eltern zur gezielten Kontrolle bei den Schreibhausaufgaben anleiten, da der Lehrer im Unterricht nicht jedem einzelnen Kind beim Schreiben zuschauen kann. Siehe **Merkblatt für Eltern**!

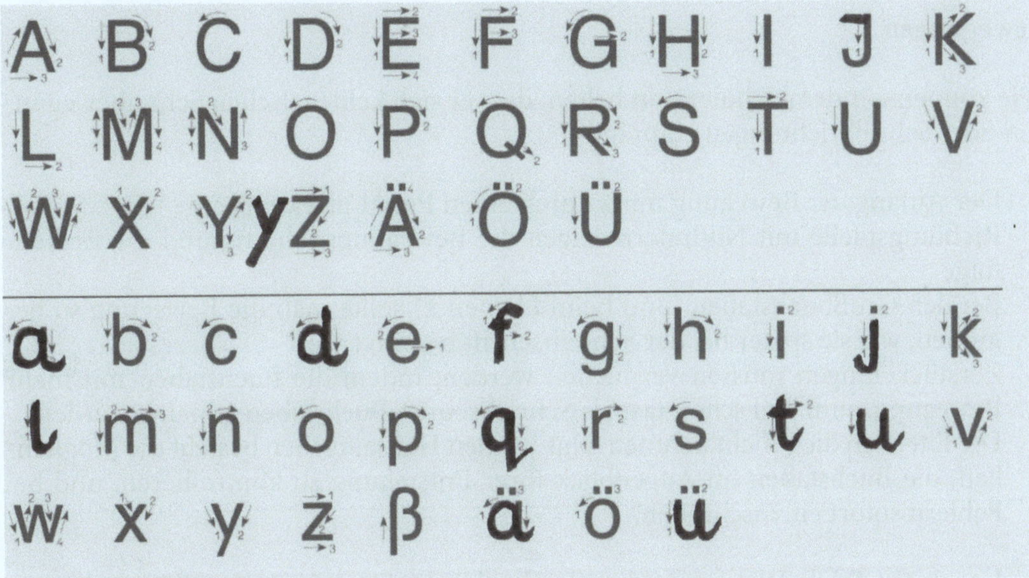

Begründung für meine Veränderungen

Bei den **Großbuchstaben** habe ich nur J und Y verändert. Das J bekommt einen Querstrich, dass es nicht mit einem spiegelverkehrten L verwechselt wird: **J**
Das große Y lasse ich so schreiben, wie das kleine y, damit keine unterschiedlichen Bewegungen nötig sind: y

Kleinbuchstaben:
a: die Veränderung mit dem Bogen markiert einen deutlichen Unterschied zum o.
d: mit der Veränderung unterscheidet sich das d nicht nur in seiner Raumlage vom b sondern auch in seiner Form.
j: ich habe den Bogen nur etwas deutlicher heraus gehoben.
l: auch hier ist ein deutlicher Bogen nötig.
q: damit es sich nicht nur in seiner Raumlage sondern auch in der Form vom p unterscheidet, wurde es mit einem „Fähnchen" versehen.
t: ein deutlicher Bogen ist nötig, damit es nicht zum **+** verkommt.
u: der Bogen verdeutlicht die Form und fördert die Bewegung außerdem wird der Unterschied zum v noch deutlicher.

Bewegungen

Wie können wir dem Schüler nun helfen, dass er sich keine falschen Schreibbewegungen oder Schreibrichtungen einprägt?

- Der Anfang der Bewegung muss durch einen Punkt markiert sein
- Richtungspfeile mit Nummern zeigen die Bewegungsrichtung und die Reihenfolge
- Bei den Großbuchstaben (und beim kleinen x) sollte man die Bewegung so beginnen, wie sie später bei der Schreibschrift benötigt wird
- Zerstückelungen müssen vermieden werden, indem die Buchstaben mit mehr Bewegung, zum Teil schon fast als Schreibschrift-Buchstaben gestaltet werden
- Die Eltern in die Pflicht nehmen: Nur bei den Hausaufgaben besteht die Möglichkeit, die Buchstaben im Augenblick ihrer Entstehung zu kontrollieren, und bei Fehlern sofort einzuschreiten.

Und noch ein Trick: Wenn man die Kleinbuchstaben aus einer unendlichen, liegenden Acht entwickelt, ergibt sich a) eine graphomotorische Schwungübung, b) eine integrierte Arbeitsweise der Großhirnhemisphären und **c) ganz automatisch die richtige Schreibrichtung**.

Buchstaben aus der unendlichen Acht entwickeln:

1. die 8 **liegt** vor dem Schüler
2. er fährt sie mit einem **dicken** Farbstift mehrmals nach (in der Mitte, am Kreuzungspunkt der Schleife beginnen, nach **oben** fahren, links oder rechts ist egal!)
3. nach mehreren Umläufen von der Achterspur aus nächster Nähe zum Anfangspunkt des Buchstaben hüpfen und
4. den Buchstaben entsprechend der Pfeile und Nummern nachspuren
5. mit vielen anderen Farben wiederholen

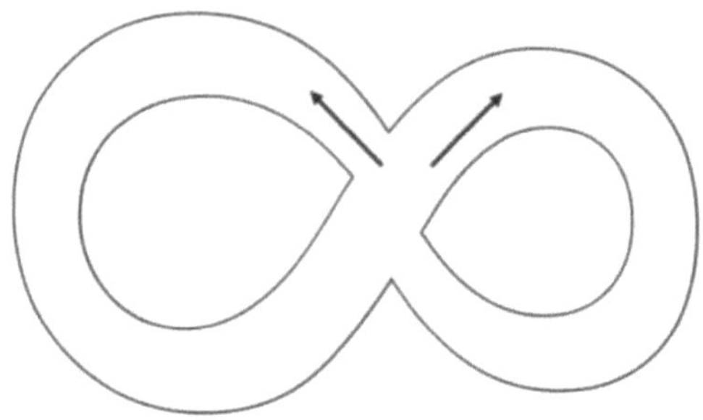

Zur Vorbereitung kann diese Übung auch sehr gut an der Tafel durchgeführt werden.

Um der Zerstückelung der Buchstaben vorzubeugen und um mehr Bewegung in die Schrift zu bekommen, empfehle ich bei folgenden **Kleinbuchstaben** eine Annäherung an die Schreibschrift:

a, b, d, g, h, m, n, p, q, u

Mit *Annäherung an die Schreibschrift* meine ich, dass die Buchstaben in einem Schwung zu schreiben sind, weshalb man teilweise ein Stück auf der „alten Spur" zurückfahren muss. Für das kleine x gilt das Gleiche wie für das große X: Den 2. Strich von unten nach oben machen!

Sprechverse beim Schreiben

Früher war es üblich, zu den Schreibschwüngen kleine Verse aufzusagen. Ob diese immer besonders geistreich waren, sei dahingestellt. (*Die Pflaume, die Pflaume, die hängt an einem Baume.)* Aber: Sprechverse beim Schwingen und Schreiben unterstützen auf jeden Fall die Freude des Kindes und auch die Merkfähigkeit in Bezug auf Bewegung und Form. Um keine „geistreichen" Verse vorschlagen zu müssen, verzichte ich darauf, mir zu jedem Buchstaben etwas auszudenken. Diese kann sich jeder Lehrer selbst nach seinen eigenen Vorlieben ausdenken. Wichtig erscheint mir aber vor allem, dass die Verse oder Sprüche die **Unterscheidung** der Buchstaben fördern. So könnte man z. B. bei den leicht vertauschbaren Buchstaben b und d zur Unterscheidung beim Schreiben folgendes sprechen:

d: erst der Bauch und dann ein Stock ...
b: erst ein Strich und dann ein Bauch ...

Elternabend und Merkblatt für Eltern

Zum Elternabend erhalten die Eltern ein Merkblatt.

Zeigen Sie den Eltern

- die Grundformen der Druckschrift
- die Anfangspunkte der Buchstaben
- die Bewegungsrichtungen
- die richtige Sitzhaltung
- die richtige Stifthaltung

Erklären Sie den Eltern

- die Notwendigkeit einer „strengen“ Kontrolle
- grundsätzliche Rituale für die Hausaufgaben

Geben Sie den Eltern ein Merkblatt als „Merkhilfe“ mit.

Kopiervorlage dazu auf CD-Ordner: Elternarbeit ➔ Druckschrift

Elternabend zur Schreibschrift

Ich informiere die Eltern über die Vorteile der ***Vereinfachten Ausgangsschrift*** und über mögliche Probleme beim Schreiben. Die Eltern erhalten ein Merkblatt zur Schreibschrift.

Worum es geht?

Früher wurden die Schüler mit der *Lateinischen Ausgangsschrift* (LA) gequält. Ich hoffe, dass diese Zeiten überall vorbei sind und erkläre, warum ich von *quälen* spreche:

Gequält wurden Kinder mit visuellen Wahrnehmungsproblemen: Das Kind muss sich für einen Laut 4 verschiedene Buchstaben merken, die alle die gleiche Bedeutung, aber optisch oft überhaupt nichts miteinander zu tun haben. Vergleichen Sie bitte ein Druckschrift – X mit einem Schreibschrift – X. Beim H sieht es nicht besser aus! Gequält wurden Kinder mit schreibmotorischen Problemen: Die Großbuchstaben hatten

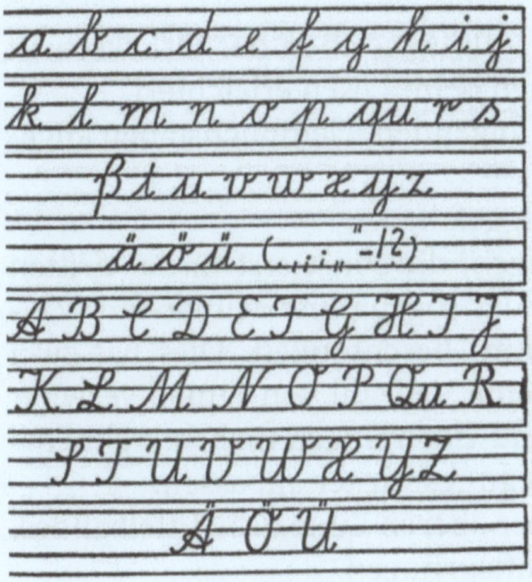

unheimliche viele Schnörkel, die Kleinbuchstaben Anstriche und viele Richtungswechsel.

Irgendwann wurde die *Vereinfachte Ausgangsschrift* (VA) erfunden, ich weiß weder wer sie erfunden hat, noch wann dies war. Ich darf allerdings verraten, dass ich sie meinen Schülern bereits Mitte der 1980er Jahre beigebracht habe, als sie in Bayern eigentlich noch gar nicht offiziell erlaubt war. Ich zeige die VA hier auf einem Arbeitsblatt, welches ich damals als Vorlage hatte. (Aus: Praxis Grundschule – Sonderheft 1981)

Welche Vorteile hat die VA für die Schüler?

Richtformen der verbundenen Schrift:

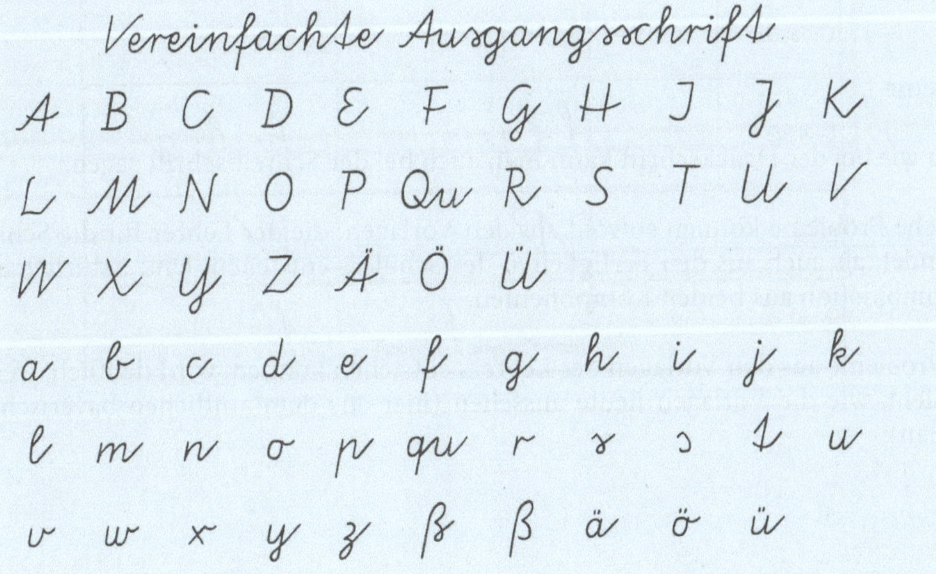

- Die Großbuchstaben sind weitgehend an die Großbuchstaben der Druckschrift angenähert, was das Schreiben und das Erkennen beim Lesen erleichtert.
- Nicht alle Großbuchstaben müssen an die nachfolgenden Kleinbuchstaben angebunden werden.
- Die Anstriche bei den Kleinbuchstaben sind weggefallen.
- Als Schreibzeile wird eine Lineatur vorgeschlagen, die sonst erst in der dritten Klasse üblich ist, das heißt, man kann sich auf das sogenannte Mittelband (Zeilenabstand für Schreibanfänger allerdings 5 mm) beschränken. Dies hat zwei Vorteile: Die Wahrnehmung wird nicht durch eine Vielzahl von Linien verwirrt und die Bewegung des Kindes wird bei Ober- und Unterlängen nicht so sehr eingeschränkt; es kann sie an das persönliche Bewegungsmuster anpassen.
- Alle Kleinbuchstaben beginnen und enden an der oberen Linie des Mittelbandes, diese ist auch gleichzeitig der Haltepunkt vor Luftsprüngen.
- Da **a, d, g, o, qu** nur durch Luftsprünge angebunden werden, entfällt das Vorwärts- und Rückwärtsschreiben auf der gleichen Spur (Deckstrich).
- Da m, n, r weiter auseinander gezogen sind, muss bei der Aufwärtsbewegung die Abwärtsspur nicht exakt getroffen werden (Deckstrich).
- Richtungswechsel werden weitgehend vermieden, die Buchstaben sind bewegungsfreundlich – siehe kleines z.

Probleme

Genau wie bei der Druckschrift kann man auch bei der Schreibschrift sagen:

Mögliche Probleme können sowohl aus den Vorlagen, die der Lehrer für die Schrift verwendet, als auch aus den Fertigkeiten des Schülers entstehen. Und natürlich aus der Kombination aus beiden Komponenten.

Dass Probleme aus den Vorlagen des Lehrers entstehen können, wird deutlich, wenn man sieht, wie die Vorlagen heute aussehen (hier aus dem amtlichen bayerischen Lehrplan):

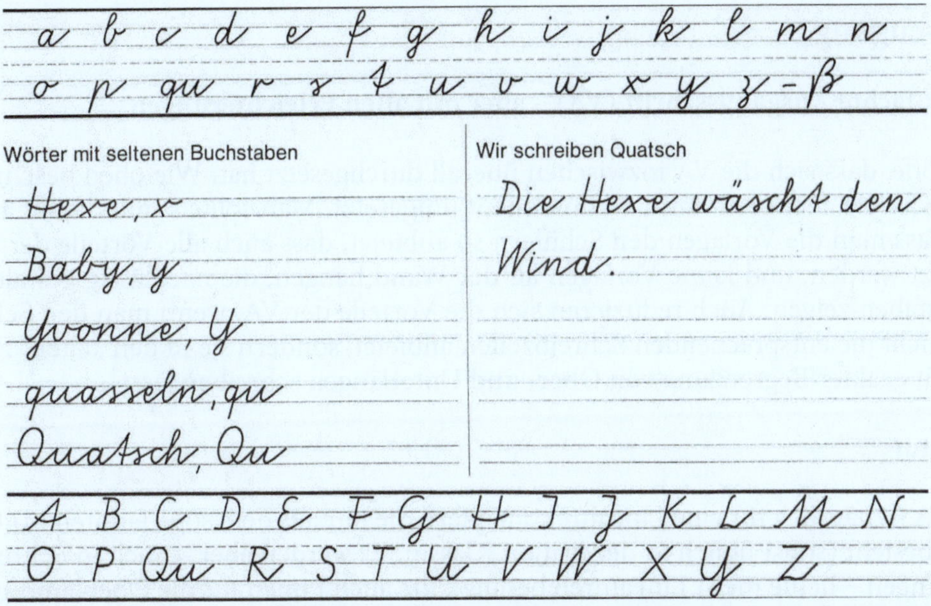

Den Unterschied sieht man nur bei ganz genauer Beobachtung: m und n sind nicht mehr so weit auseinander gezogen. Das spart zwar Platz, verführt aber den Schüler, ganz auf der alten Spur nach oben zu fahren. Beim ß fehlt die anfängliche Abwärtsbewegung. Die Striche auf ä, ü, ö sind fast keine Striche mehr, sondern beinahe nur noch Punkte. Diese Abweichungen sind minimal, werden dann aber auf den Vorlagen, die in Schreiblehrgängen und auf den Wandplakaten zu finden sind, noch weiter geführt – und schon entfernt sich die VA immer weiter von ihrem Original. Das r wird oft so nachlässig dargestellt, dass es gar nicht mehr an der Schreibzeile ankommt (wo ja jeder Buchstabe enden **muss**), die Schüler schreiben das r noch nachlässiger und bald besteht es aus einer unleserlichen Kurve, die mit dem r gar nichts mehr zu tun hat. Wenn die Striche auf ä, ü, ö nur als Punkte vorgegeben werden, sollte man meinen, dass dies kein Problem sei. Es kann aber doch zum Problem werden. Den Punkten fehlt nämlich Bewegung, so dass sie oft nur ganz nachlässig angetippt werden. Bald sind sie gar nicht mehr zu sehen und der Schüler hat einen falschen Buchstaben geschrieben. Wenn das große X in der VA als verbundener Buchstabe angeboten wird (siehe Lehrplan) erfordert es eine andere Bewegungsreihenfolge als beim kleinen x. Zusammen mit der Druckschrift braucht das Kind dann möglicherweise drei Bewegungspläne für das X. Da das X sehr selten vorkommt, wird es nie automatisiert werden und das Kind muss beim Schreiben jedes Mal erneut nachdenken.

Vorbeugung

Vereinfachte Ausgangsschrift (VA) – aber mit allen Erleichterungen

Ich hoffe, dass sich die VA inzwischen überall durchgesetzt hat. Wie oben beschrieben, wird sie aber nicht immer konsequent umgesetzt. Man sollte somit darauf achten, dass man die Vorlagen den Schülern so anbietet, dass auch alle Vorteile der VA genutzt werden, und keine Vorlagen an der Wand hängen, die nachlässig gestaltete Buchstaben zeigen. Auch reduzieren sich die Vorteile der VA, wenn man den Schülern nicht die entsprechenden Schreibzeilen anbietet, sondern sie in den „alten" Zeilen mit exakter Begrenzung von Ober- und Unterlängen schreiben lässt ...

Lineatur

Die VA ist nämlich für eine Lineatur konzipiert, die nur aus dem sogenannten Mittelband besteht (sonst üblich in der dritten Klasse). Es werden aber – auch in Schreiblehrgängen – heute meist Lineaturen benutzt, die auch Linien für die Ober- und Unterlängen haben. Hierdurch geht ein wesentlicher Vorteil der VA verloren, nämlich die Entwicklung einer zügigen Schrift, deren Bewegung nicht an exakt definierten Stellen gebremst wird. Ohne die Begrenzung nach oben und unten kann jeder Schüler entsprechend seiner eigenen Dynamik schreiben. Ich empfehle daher dringend, auf Lineaturen zu verzichten, die Zeilen für Ober- und Unterlängen haben.

Konstante Schreibbewegungen

Ich knüpfe an meine letzten Sätze über das X an: Bei der Druckschrift lernt der Schüler möglicherweise, dass das X aus einem Strich von links oben nach rechts unten und einem weiteren von rechts oben nach links unten besteht. Bei der VA müsste er – wenn das große X als verbundener Buchstabe (amtlicher Lehrplan, aktuelle Vorlagen) eingeführt wird, lernen dass zuerst der Strich von rechts oben nach links unten kommt ... Beim kleinen x müsste er dann wieder lernen, von links oben nach rechts unten zu beginnen und den zweiten Strich aber von links **unten** nach rechts **oben** zu machen. Kann man Kinder mit **einem** Buchstaben noch mehr verwirren? Ich wiederhole: Da das X sehr selten vorkommt, wird es nie automatisiert werden und das Kind muss beim Schreiben jedes Mal erneut nachdenken, wodurch der Schreibfluss unterbrochen wird. Es würde dem Kind sehr helfen, **alle** X gleich zu schreiben: 1. von links oben nach rechts unten, 2. von links unten nach rechts oben.

Großbuchstaben noch mehr vereinfachen

Die Großbuchstaben der VA bereiten im Prinzip keine Probleme, da sie eng an die Großbuchstaben der Druckschrift angelehnt sind. Ich sehe aber keinen vernünftigen Grund, warum A, M, N mit einem kleinen Bogen beginnen sollen, das N sogar mit einem solchen enden soll. Diese Häkchen werden vom Schüler gerne übertrieben dargestellt, verlangen unnötige Konzentration und sollten – denke ich – weg gelassen werden.

Buchstaben aus der liegenden 8 entwickeln

Genau wie bei den Kleinbuchstaben der Druckschrift empfiehlt es sich, die Kleinbuchstaben der verbundenen Schrift aus der liegenden Acht zu entwickeln. Genaugenommen ist es hier sogar noch wichtiger, weil man sich jetzt **unbedingt** an die richtige Schreibrichtung halten muss. Diese wird durch die Bewegungssteuerung der liegenden 8 gewährleistet.

Kopiervorlagen dazu auf CD.

Hilfen bei Problembuchstaben

Es gibt bei den Kleinbuchstaben der VA zwei echte und einen vermeintlichen Problembuchstaben. Der vermeintliche ist das z. Personen, die keine Erfahrung mit der VA haben, denken oft das VA - z sei kompliziert, weil es so ungewohnt aussieht. Es ist aber ganz einfach zu schreiben, weil es aus einer fließenden Bewegung entsteht und von der Ziffer 3 abgeleitet werden kann:

Zum Zeitpunkt der Einführung des z ist den Schülern die 3 längst geläufig. Lassen Sie die 3 „tiefergelegt“ schreiben. Dann am Ende zur Schleife komplettieren und fertig ist das kleine z. Siehe Abbildung!

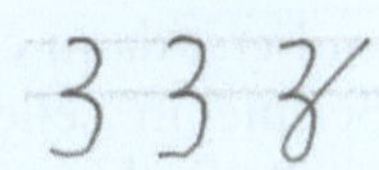

Nun zu den echten Problembuchstaben

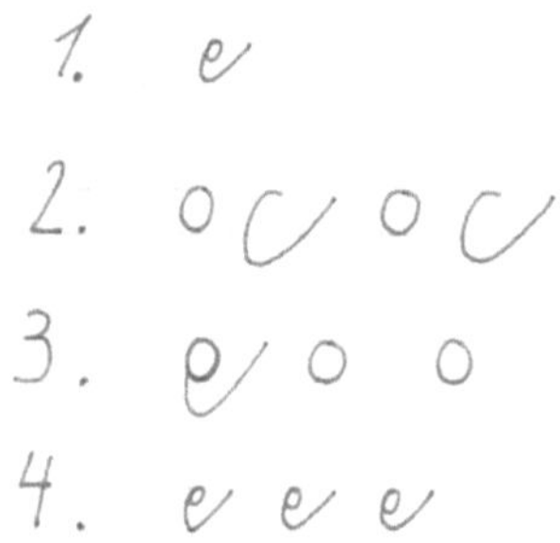

Das kleine e (siehe Abbildung, 1. Zeile) enthält gleich mehrere Hürden: Da es aus zwei Teilen zusammengesetzt ist (siehe Abbildung, 2. Zeile), bereitet es den Schülern oft Schwierigkeiten, beim zweiten Teil wieder exakt auf die erste Spur zu treffen. Die nächste Hürde besteht in der Größe, bzw. Kleinheit der Zeilen: Diese Doppelbewegung ist in der schmalen Zeile kaum unterzubringen. Eine weitere Hürde existiert für Schüler, die das Köpfchen (so heißt der kleine Kreis) rechtsherum schreiben: Dann geht nämlich gar nichts mehr. Die letzte Hürde wird natürlich vermieden, wenn man das e aus der liegenden 8 entwickelt, dann stimmt die Richtung. Weitere Hilfen für das kleine e:

- vergrößerte Schreibzeilen anbieten
- die gesamte Zeile für das Köpfchen benutzen und
- die beiden Bestandteile separat üben (siehe Abbildung, 2. Zeile)
- Köpfchen vorgeben, nachspuren lassen, dann erst das e komplettieren (siehe Abbildung, 3. Zeile)
- erst nach diesen Vorübungen ein selbständig geschriebenes e verlangen (siehe Abbildung, 4. Zeile), wobei die Zeilen immer noch vergrößert sind
- erst wenn Sicherheit besteht, in regulären Schreibzeilen üben.

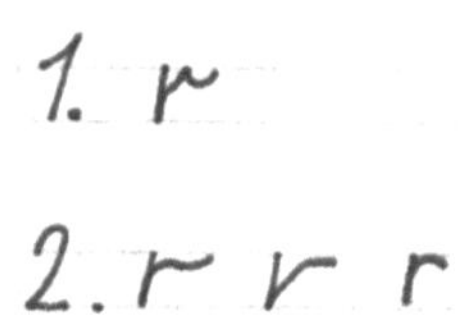

Das kleine r erscheint zunächst von der Optik her nicht problematisch (siehe Abbildung 1. Zeile). Durch Nachlässigkeiten bei der Buchstabenvorlage und Nachlässigkeiten bei den Schülern, wird es aber leicht schludrig (siehe Abbildung 2. Zeile). Schreibmotorisch ist es deshalb schwierig, weil bei der Aufwärtsbewegung die erste Hälfte als Deckstrich geschrieben werden muss und erst dann eine neue Spur beginnt. Der Deckstrich kann zu lang werden (erstes Beispiel in Zeile 2) oder ganz weggelassen werden (zweites Beispiel in Zeile 2). Das zweite Problem beim r entsteht durch die Vernachlässigung des Haltepunktes an der oberen Zeile (bei allen drei Beispielen zu sehen).

Hilfe:

- Den Schülern nur Vorlagen geben, bei denen das r wirklich an der Oberlinie endet, so dass dann ein exaktes Häkchen angefügt werden kann.

- Selbst Vorlagen kopieren, bei denen das Häkchen zunächst fehlt. Die Schüler müssen zuerst das häkchenlose r mit einem Farbstift nachfahren, dann mit einem anderen Farbstift das Häkchen anfügen. Durch den Stiftwechsel prägt es sich ein, dass das r aus zwei Arbeitsschritten entsteht: r + Häkchen.

Merkblatt für Eltern

Zum Elternabend erhalten die Eltern ein Merkblatt.
Zeigen Sie den Eltern

- die einzelnen Buchstaben der Schreibschrift
- die Anfangspunkte der Buchstaben
- die Bewegungsrichtungen
- die Bedeutung der oberen Linie für Anfang, Ende und Haltepunkte
- die Verbindung der Buchstaben
  - flüssiges Weiterschreiben am Haltepunkt der oberen Linie
  - Luftsprung bei Linksovalen

Kopiervorlage dazu auf CD-Ordner: Elternarbeit ➔ Schreibschrift

Hilfe für Migranten

Schulanfänger mit Migrationshintergrund und/oder Mehrsprachigkeit sind beim Schriftspracherwerb besonders gefährdet, da sie nicht die selben Voraussetzungen mitbringen wie deutschsprachige Kinder.

Für Lehrkräfte gibt es dabei zwei wichtige Themen:

- Welche Probleme können bei Mehrsprachigen Kindern auftreten?
- Wie kann man diesen Problemen vorbeugen?

Das Thema Migration und Mehrsprachigkeit ist so kompliziert und komplex, dass es hier nur gestreift werden kann. Gleichwohl **muss** es gestreift werden, da mehrsprachige Kinder spezielle Probleme mit dem Schriftspracherwerb haben. Die Begriffe haben sich in der Fachliteratur gewandelt. Während früher eher pauschal von Muttersprache und Fremdsprache gesprochen wurde, stehen sich heute andere Begriffe gegenüber:

- Erstsprache - Zweitsprache (wobei die Erstsprache diejenige ist, die ein Kind in den ersten Lebensjahren erwirbt)
- Familiensprache - Umgebungssprache (wenn zu Hause und außerhalb der Familie unterschiedliche Sprachen gesprochen werden)
- Muttersprache - Vatersprache (bei bilingualer Erziehung von Geburt an)

Zahlen zur Mehrsprachigkeit:

Zwei Beispiele für mehrsprachige Lebenssituationen, ich beginne mit einer positiven Bewältigung:

Katarina kommt aus Schweden, ihre Eltern sind aus Jugoslawien dorthin ausgewandert. Sie gehörten dort aber zu einer ungarischen Minderheit. Folglich ist die erste Familiensprache Ungarisch, die zweite Serbokroatisch. Da man in Schweden lebt, spricht man natürlich schwedisch. Katarina wächst mit diesen drei Sprachen auf. In der Schule lernt sie Englisch und bei einem Aufenthalt in Deutschland lernt sie Deutsch. Seit über 20 Jahren lebt sie in Deutschland. Ihre Kinder sprechen perfekt Schwedisch und vom Ungarischen und Serbokroatischen haben sie natürlich auch eine gehörige Portion mitbekommen.

Ein problematisches Beispiel: Mehmet ist zwar in Schweinfurt geboren, seine Eltern kommen aber aus Griechenland. Sie gehörten dort aber zur türkischen Minderheit, weshalb die Familiensprache der griechischen Familie Türkisch ist. Mehmets Vater spricht zwar Deutsch, da er es aber in der Fabrik gelernt hat, ist es kein Schriftdeutsch, sondern Schweinfurter Dialekt. Mehmet ist bis zur Einschulung wohl kaum der deutschen Schriftsprache begegnet, sein Deutsch ist so schwach entwickelt, dass ihm ein Frühdiagnosezentrum einen Dysgrammatismus bescheinigt, außerdem scheint seine intellektuelle Leistungsfähigkeit reduziert zu sein. Aufgrund dieser Diagnostik wird er in eine dreijährige Diagnose- und Förderklasse eingeschult, anschließend wechselt er in die reguläre Grundschule.

Probleme, die der Lehrer verursacht

Leider kann man immer wieder Lehrkräfte beobachten, die den *Kindern mit Migrationshintergrund* (diesen politisch korrekten Begriff finde ich so unmöglich, dass ich ihn ab jetzt nicht mehr benutzen werde, stattdessen lieber politisch weniger korrekte Begriffe benutze), sowenig Interesse entgegen bringen, dass sie deren Vornamen falsch aussprechen oder sich auch den Eltern gegenüber in keiner Weise bemühen, den Familiennamen richtig auszusprechen. Ich habe einen Kollegen im Ohr, der einen Mehmet immer als Me**ch**met angesprochen hat, obwohl dieser Name „Memmet" gesprochen wird. Nun könnte man sagen, diese Dinge seien Kleinigkeiten. Wir wissen aber alle, dass zu einem erfolgreichen Lernen auch positive Emotionen gehören. Um diese zu entwickeln, müssen sich aber auch ausländische Kinder akzeptiert fühlen. Wie stark kann man sich aber akzeptiert fühlen, wenn nicht einmal der Name, also das höchste persönliche Identifikationsmerkmal richtig benutzt wird???

Ein anderes Problem ist die Lehrersprache. Unsere mehrsprachigen Kinder sind besonders prädestiniert, dass Äußerungen der Lehrer an ihnen unverstanden vorbei gehen. Ich habe folgende Situation erlebt: Ein kleiner Türke (erste Klasse) fängt mitten im Unterricht an, seinen Nachbarn zu würgen. Die Lehrerin schreit: „Ömer, kannst du dir vorstellen, dass dem Rudi das gefällt?" (Die Namen sind jetzt mal frei erfunden.) Ich habe mich dabei gefragt, ob sich die Lehrerin vorstellen kann, dass dieser Satz an ihrem Schüler voll vorbei geht.

Probleme der Schüler

Ich spreche im Folgenden nicht von den Kindern, die einfach zu wenig Deutsch können, weil sie aufgrund der isolierten Familiensituation der deutschen Sprache zu wenig begegnen. Ich kann hier auch nicht alle Probleme der Mehrsprachigkeit auflisten. Ich beschränke mich auf zwei wichtige Begriffe:

Interferenzen

- Interferenzen sind Überlagerungen von Regeln und Strukturen der einen Sprache auf eine andere. Diese kommen auch bei guter sprachlicher Förderung vor und sind etwas ganz Normales
- beeinflussen kaum die Kommunikation
- kommen auf bestimmten Sprachentwicklungsstufen regelmäßig vor
- können durch ständiges Feedback der Gesprächspartner und reichhaltiges Sprachangebot reduziert werden

Lautliche Interferenzen

Der Phonembestand der Erstsprache beeinflusst die Lautbildung in der Zweitsprache. Beispiele:

Türkische Kinder sprechen zunächst kein /z/ (ts), weil es dieses Konsonantencluster im Türkischen nicht gibt. Griechische Kinder sprechen zunächst kein /sch/, weil es diesen Laut im Griechischen nicht gibt. Dafür haben sie keine Probleme mit dem /z/. Kleine Merkhilfe dazu: Tsatsiki heißt türkisch Tschatschik (ich habe jetzt so geschrieben, wie man es spricht).

Lexikalische Interferenzen
Entweder es fließen Wörter der Erstsprache in einen deutschen Satz mit ein, oder es werden Redewendungen wörtlich übersetzt, was dann zu Fehlern führt, weil man sie eben nicht wörtlich übersetzen darf: „Ich *wasche* meine Zähne".

Grammatische Interferenzen
Satzbau oder Grammatik der Erstsprache beeinflussen den deutschen Satz. Ein Beispiel soll genügen: Der Satz „es gibt Brot" würde im Türkischen „ekmek var" heißen. Der Türke muss also lernen, dass das Verb an einer anderen Stelle steht, und dass man im Deutschen immer dieses „es" als Subjekt braucht. Dieses „es" wird bei deutsch sprechenden Türken sehr oft fehlen!

Doppelte Halbsprachigkeit
Dieser Begriff wird verwendet, wenn ein Kind weder in seiner Erst- oder Familiensprache noch in seiner Zweit- oder Umgebungssprache sicher ist. Die Ursachen hierfür können vielfältig sein, weshalb diese Störung nicht einfach zu diagnostizieren ist. Doppelte Halbsprachigkeit ist aber auf jeden Fall als „echte" Sprachstörung zu sehen, weshalb eine fachspezifische Diagnostik und Therapie angezeigt ist.

Zuwendung und Akzeptanz
Ein Beispiel aus dem Alltag: Ich soll ein Kind überprüfen. Vom Namen her (ich sehe ihn auf der Liste: Haxhi) vermute ich eine albanische Abstammung. Ich frage das Kind nach seinem Namen, es nennt den Vornamen. Ich frage nach dem Familiennamen, es sagt „Haksi" (spricht ihn also deutsch aus). Dann frage ich nach der Sprache, die zu Hause gesprochen wird und bekomme als Antwort „albanisch". Ich: „Aber dann heißt du doch Hadschi und nicht Haksi." Das Kind lacht erfreut: „Kannst du albanisch?" „Nein - aber ich hab´s mir halt so gedacht." Und schon sind wir auf einer positiven emotionalen Basis.

Nun kann man von keinem Lehrer erwarten, dass er alle möglichen Sprachen aller möglichen Kinder kennt. Auch ich weiß vom Albanischen nicht mehr, als ich dem genannten Kind gegenüber vermutet habe! Aber als Klassenlehrer hat man ja eine überschaubare Anzahl an Schülern, deren Lernbereitschaft man durch emotionales „Anwärmen" mit einigen unaufwändigen Maßnahmen steigern kann:

- hängen Sie am ersten Schultag Begrüßungsschilder in unterschiedlichen Sprachen auf
- fragen Sie die Eltern bei der Erstbegegnung, wie man den Familiennamen ausspricht
- fragen Sie, welche Sprache in der Familie gesprochen wird
- lesen Sie den Vornamen des Kindes nicht von einer Liste ab, sondern fragen Sie das Kind, wie es heißt
- arrangieren Sie bei Gelegenheit eine Gemeinschaftsveranstaltung (z. B. gemeinsames Pausenfrühstück), an der sich die Eltern der Migrantenkinder mit typischen Produkten oder Bräuchen beteiligen können
- Lassen Sie die Kinder ab und zu Begriffe oder Redewendungen in ihre Sprache übersetzen

Beratung der Eltern zur Mehrsprachigkeit
Logischerweise wissen Eltern in der Regel nicht, wie sie mit der Mehrsprachigkeit umgehen sollen. Oft kommen sie aber trotz dieser Unwissenheit - in einem ganz naiven Umgang - ganz gut mit mehreren Sprachen zurecht. Oft ergeben sich aber Probleme, wodurch das Kind in seinem schulischen Fortschritt gehemmt wird. Somit kann es ganz wichtig sein, den Eltern Ratschläge geben zu können, die ihnen im Umgang mit der Mehrsprachigkeit mehr Sicherheit geben:

Familiensprache
- in der Familie konsequent die Muttersprache verwenden, denn die Zweitsprache wird sich nur gut entwickeln, wenn die Erstsprache gut entwickelt ist
- sich zu Hause häufig unterhalten, denn Sprache lernt man nur durch aktiven Gebrauch
- die Familiensprache durch verschiedene Aktivitäten pflegen: Geschichten erzählen, Singen, Vorlesen, Spiele

Umgebungssprache
- in der Nachbarschaft Kontakte zu deutschsprachigen Kindern suchen
- selbst Interesse an der Umgebungssprache zeigen
- Gemeinsame Aktivitäten in der deutschsprachigen Umgebung durchführen: Zoo-, Kino-, Museumsbesuche, Feste und Feiern besuchen
- Neue Begriffe in der Erstsprache erklären
- Wörterbücher und Lexika benutzen!

Förderprinzip „eine Person - eine Sprache“
Ich erkläre das Prinzip an einem (wahrscheinlich häufig zutreffenden) Beispiel: Der Vater spricht wegen seines Berufes deutlich besser Deutsch als die Mutter. Folglich soll der Vater **immer** mit den Kindern Deutsch sprechen, während die Mutter **immer** mit den Kindern in der Familiensprache spricht.

Vierfacher Vorteil dieses Prinzips: (1.) Die Muttersprache wird weiter ausgebaut (was ja eine gute Grundlage für den Zweitspracherwerb ist) und gleichzeitig erfährt (2.) auch die deutsche Sprache eine Wertschätzung in der Familie. Die Entwicklung der deutschen Sprache wird (3.) durch die Verwendung in der Familie weiter aufgebaut und (4.) gewöhnt sich das Kind keine schweren Fehler an.

Wenn beide Elternteile unterschiedliche Erstsprachen sprechen, muss besonders darauf geachtet werden, dass keine Mischsprache verwendet wird.

Erstsprache beim Schriftspracherwerb berücksichtigen
Bei der enormen Bedeutung der phonologischen Bewusstheit für den Schriftspracherwerb ist darauf zu achten, dass die Kinder alle Laute der deutschen Sprache beherrschen. Dies ist wegen der Interferenzen nicht von Anfang an gewährleistet. Bei Lauten, die einzelnen Kindern wegen der Erstsprache schwer fallen, kann der Lehrer

- **alle** Schüler auf diese Probleme aufmerksam machen, damit allen klar ist, warum einzelne Kinder Schwierigkeiten haben
- die betroffenen Laute schon vor der Erarbeitung der Buchstaben besonders häufig analysieren lassen
- die entsprechenden Buchstaben in ihrer Phonem-Graphem-Korrespondenz besonders häufig üben lassen

Auch wenn mehrsprachige Kinder nicht in ihrer Erstsprache alphabetisiert sind, werden sie ihrer Erstsprache natürlich auch in schriftlicher Form begegnen. Dies ist vor allem bei Eigennamen der Fall. Der Lehrer kann dies zum Anlass nehmen, um allen Schülern (natürlich besonders den betroffenen) zu erklären, dass man in anderen Sprachen manchmal andere Buchstaben hat, oder dass die gleichen Buchstaben unterschiedlich ausgesprochen werden. Solche Erklärungen können verhindern, dass die fremdsprachigen Schüler die Buchstaben ihres Namens als Vorbild nehmen und dann in der Folge die deutschen Wörter falsch verschriften. Festigen kann man solche Erklärungen durch das Erarbeiten einer besonderen Anlauttabelle, bei der die Eigennamen als zusätzliche Ankerwörter zu den herkömmlichen Ankerwörtern angefügt werden. Eigennamen können übrigens auch bei deutschsprachigen Kindern hilfreich sein. So ist es ja schwierig, ein Symbol für das ch zu finden, da es am Wortanfang zwar als Buchstabe, aber nicht als Laut vorkommt. (Randbemerkung: Die Anlauttabelle sollte sowieso nicht Anlauttabelle, sondern Buchstabentabelle heißen, was ich weiter unten ausführen werde.) Man kann sich durch das Wörtchen **ich** helfen und die Kinder eigene Bilder ankleben lassen. Einmal hatte ich einen Michael in der Klasse und habe ihn dazu benutzt, das ch zu symbolisieren, indem ich sein Bild aufklebte. Es hieß dann für alle Schüler *ch wie Michael*. Zurück zu den Fremdsprachen, am Beispiel türkischer Eigennamen:

Auf einer Anlauttabelle kann dann beispielsweise zu sehen sein:

I/i	wie Igel (Bild) und/oder İsmail (Bild und Name)
Ei/ei	wie Eis (Bild) und/oder Ayşe (Bild und Name)
J/j	wie Jäger (Bild) und/oder Yunus (Bild und Name)
ch	wie i**ch** (Bild) und/oder Mi**ch**ael (Bild und Name)
ö	wie Öl (Bild) und/oder Ömer (Bild und Name)

Eingehende Diagnostik bei Zweifelsfällen

Wenn Ihnen ein mehrsprachiges Kind auffällt, dessen Leistungen im Deutschen deutlich schlechter sind als die Leistungen anderer Kinder aus dem gleichen Sprachraum, oder wenn ein Kind trotz langfristigem deutschsprachigen Input keine merklichen Fortschritte macht, lassen Sie es bitte durch eine Fachkraft aus dem Bereich Sprachheilpädagogik/Logopädie überprüfen. Dies ist vor allem wichtig, wenn sie von den Eltern erfahren, dass auch die Leistungen in der Familiensprache nicht altersgemäß sind. Dann liegt wahrscheinlich eine (therapiebedürftige) doppelte Halbsprachigkeit vor.

Für Kinder mit russischer und türkischer Erstsprache steht mit SCREEMIK ein computergestütztes Diagnostikum zur Erfassung der Leistungen in der Erstsprache zur Verfügung.

Weiterführende Literatur:

Vassilia TRICHARCHI-HERRMANN (2003): Mehrsprachige Erziehung. Wie Sie Ihr Kind fördern. Reinhardt-Verlag. München Basel

Grohnfeldt / Triarchi-Hermann / Wagner (2005): Mehrsprachigkeit als sprachheilpädagogische Aufgabenstellung, edition-von-freisleben

Lilli Wagner (2008): SCREEMIK, Screening der Erstsprachfähigkeit bei Migrantenkindern (Russisch-Deutsch, Türkisch-Deutsch), Eugen Wagner Verlag

Informationen im Internet

www.arbeitskreis-sprache.de - Eltern-Informationsbroschüre in Landessprache

Hilfe für Linkshänder

Mit Eltern von linkshändigen Kindern mache ich ein ausführliches Elterngespräch und gebe außerdem ein Merkblatt mit.

Wenngleich man eigentlich weiß, was ein Rechts- beziehungsweise Linkshänder ist, erscheint es notwendig das Thema Lateralität (Seitigkeit) etwas genauer zu betrachten:

„Unter Lateralität oder Seitigkeit verstehen wir die Ausprägung in Bau und Funktion von Paarorganen bzw. zweier in spiegelbildlicher Anordnung auftretender Bereiche eines unpaarigen Organs, welche sich auf die rechte und linke Körperhälfte verteilen. ... Demnach sind morphologische und funktionelle Lateralität zu berücksichtigen." (Ullmann: Psychologie der Lateralität)

In Bezug auf die Seitigkeit spielen die funktionellen Asymmetrien eine wesentlich wichtigere Rolle als die morphologisch-anatomischen, denn sie fallen bereits bei der Verrichtung alltäglicher Tätigkeiten stark ins Auge. „Tatsache ist, dass nur sehr wenige Aktivitäten, welche eine Interaktion mit unserer Umwelt verlangen, von uns ohne den bevorzugten Gebrauch einer Seite des Körpers durchgeführt werden können." (ebenda) Mit dem Begriff der ***Dominanz*** *kann die Überlegenheit einer Seite sowohl im zentralen als auch im peripheren Bereich bezeichnet werden.*

*Wird bei der Durchführung von Tätigkeiten eine Hand bevorzugt gebraucht, so kann von **Händigkeit** oder **Handdominanz** gesprochen werden. Diese Bevorzugung ist sowohl bei einhändigen Tätigkeiten (eine Hand wird häufiger herangezogen) als auch bei beidhändigen Verrichtungen (eine Hand leitet, die andere unterstützt) zu beobachten. Neben der Häufigkeit der Handbevorzugung kann auch die relative Geschicklichkeit, mit der bestimmte manuelle Verrichtungen durchgeführt werden, als Indiz für Händigkeit betrachtet werden.*

*Auch beim Zeichnen und Schreiben zeigen sich unterschiedliche Leistungsausprägungen der beiden Hände. Die führende Hand ist oft auch durch größere Kraft gekennzeichnet. Aufgrund der unterschiedlichen Auftretens- und Ausprägungsformen manueller Dominanz kann man von **Rechtshändigkeit**, **Beidhändigkeit** und **Linkshändigkeit** sprechen. Die Einteilung in eine der Kategorien ist dann jeweils eine Definitionsfrage.*

Betrachtet man (rein von der Erscheinungsweise, nicht von der zentralen Organisation her!) Linkshändigkeit als Spiegelbild der Rechtshändigkeit, und umgekehrt, so genügt es, hier eine der Erscheinungsformen zu definieren, um die andere gleich mitzubestimmen. Die Abgrenzung soll hier am Beispiel der Linkshändigkeit aufgezeigt werden.

Bei Kramer werden die Sichtweisen verschiedener Autoren zusammengestellt:

Wegener betrachtet einen Menschen dann als Linkshänder, wenn „dessen linke Hand für die Ausführung komplizierter Bewegungen besser disponiert ist als die rechte." „Littre definiert den Linkshänder als einen Menschen, der sich gewöhnlich seiner linken Hand bedient, anstelle seiner rechten." „Nach Bloede ist Linkshänder derjenige, der sich mit Vorliebe der linken Hand bedient, für alle Arbeiten, die Kraft und Präzision verlangen, und für alle Gesten, welche den Ausdruck erleichtern." Kramer selbst unterscheidet in ihrer Definition drei Faktoren, „nämlich bessere Leistungen mit der linken als mit der rechten Hand, oder Bevorzugung der linken Hand bei Tätigkeiten, die a) hohe Präzision und gute Koordination der Bewegung verlangen; b) vor allem Kraft beanspruchen; c) bei denen das Tempo beschleunigt ist." (Kramer: Linkshändigkeit)

Lässt sich keine deutliche Bevorzugung einer Hand im o.g. Sinne erkennen, spricht man von Beidhändigkeit oder Ambidextrie.

Nach der Beschreibung der Händigkeit erscheint es nun notwendig, die Hintergründe dieser Erscheinungen näher zu betrachten:

Die Leistungsfähigkeit der Organe ist natürlich nicht nur von ihnen selbst abhängig, sondern von der Leistungsfähigkeit der entsprechenden Areale, aus denen sie im Gehirn gesteuert werden. In Bezug auf Bewegung würde dies bedeuten, dass die qualitativ bessere Hemisphäre eine höhere Leistungsfähigkeit des Bewegungsapparates auf der gegenüberliegenden Körperseite bedingt. Bei einem Rechtshänder wäre demnach die linke Hemisphäre leistungsfähiger. Wird nun aber die höhere Leistungsfähigkeit des Bewegungsapparates durch eine leistungsfähigere Großhirnhemisphäre bedingt, oder wird die Leistungsfähigkeit der Hemisphären durch den Bewegungsapparat beeinflusst? Dass die Händigkeit eines Menschen sehr frühzeitig angelegt wird, konnte man in der Zeitschrift FOCUS (16/1998) lesen. Hier wird von einer Untersuchung an der Queen´s University in Belfast berichtet, die davon spricht, dass bereits bei zehnwöchigen Embryonen eine eindeutige Links- oder Rechtshändigkeit nachgewiesen werden konnte. Zu diesem frühen Zeitpunkt sei das Gehirn aber noch nicht genügend ausgebildet, um so differenzierte Bewegungen kontrollieren zu können. Man folgert aus den Beobachtungen an 87 Embryonen, dass die pränatalen Bewegungen das Wachstum des Gehirns viel stärker beeinflussen, während man früher mehr davon ausging, dass das Gehirn die Bewegungen beeinflusst.

Zu welchen unterschiedlichen Leistungen sind nun die beiden Hemisphären fähig? Ältere Autoren sprechen noch pauschal von einer dominanten und einer nichtdominanten Hemisphäre, wobei manchmal behauptet wird, dass die Hemisphären anatomisch gleich seien, und dass die Dominanz erst während der Schulzeit zustande käme. Wir wären dann in der Situation, dass wir von zwei anatomisch gleichwertigen Hälften nur die eine voll funktionell ausnützen würden. Nach anderen Autoren gibt es aber doch anatomische Unterschiede zwischen den Hirnhälften. So schreibt Poeck, dass bei erwachsenen Rechtshänder der Bereich der linken Hemisphäre, in dem das Sprachzentrum sitzt, größer ist, als der entsprechende Bereich in der rechten Hemisphäre. Dieser anatomische Unterschied sei häufig auch schon bei Embryonen nachweisbar. (*Poeck: Neurologie)*

Springer/Deutsch schreiben im Zusammenhang mit der Lateralitätsentwicklung, dass Studien gezeigt haben, „dass Säuglinge, die erst ein paar Tage alt sind, eine ausgeprägte Vorliebe dafür haben, den Kopf nach rechts zu drehen. Obwohl die Bedeutung dieser Präferenz nicht feststeht, gibt es doch die vorläufige Hypothese, dass sie etwas mit der späteren Handpräferenz zu tun haben könnte.

Eine Forschergruppe hat über eine statistisch signifikante, wenn auch nicht sonderlich hohe Korrelation zwischen der Drehrichtung des Kopfes im Säuglingsalter und der Händigkeit im Alter von sieben Jahren berichtet. Für diesen Zusammenhang bieten sich mindestens zwei mögliche Erklärungen an. Die erste geht davon aus, dass die Vorliebe für eine bestimmte Drehrichtung des Kopfes im Kleinkindalter die spätere Entwicklung der Handpräferenz beeinflusst. So sehen beispielsweise diejenigen Säuglinge, die ihren Kopf vorzugsweise auf die rechte Seite drehen, häufiger ihre rechte Hand als ihre linke; dies könnte zu einer besseren Koordination zwischen Auge und rechter Hand führen und das wiederum dazu, dass diese Hand beim visuell gesteuerten Greifen bevorzugt wird. Zweitens wäre es möglich, dass die Bevorzugung einer Kopfdrehrichtung und die spätere Handpräferenz deshalb zusammenhängen, weil beide durch dieselben Gehirnmechanismen festgelegt werden." (Springer/Deutsch: Linkes/Rechtes Gehirn)

Heute geht man davon aus, dass jede der Hirnhälften Aufgaben hat, für die die andere nicht zuständig ist, es also keine generelle Dominanz gibt.

Vorsicht ist also bereits mit dem eben verwendeten Begriff Sprachzentrum geboten. Wenn hier von den anatomischen Unterschieden gesprochen wird, beziehen sich diese sicher nur auf einen Teil der sprachlichen Funktionen. Sagt man nämlich pauschal (was häufig geschieht), beim Rechtshänder sei das Sprachzentrum in der linken Hemisphäre, so sind in dieser Aussage schon zwei mögliche Fehler: Erstens muss dies im Einzelfall nicht zutreffen und zweitens sind unterschiedliche sprachliche Funktionen in unterschiedlichen Hemisphären lokalisiert. Der Hirnbereich, der gewöhnlich mit Sprachzentrum bezeichnet wird, enthält nämlich nur die logischen sprachlichen Funktionen. Gefühlsmäßige sprachliche Funktionen werden nämlich aus der gegenüberliegenden Hemisphäre gesteuert. Wenn z. B. ein Rechtshänder nach einer Verletzung in der linken Hemisphäre nicht mehr richtig sprechen kann, so ist er aber dennoch in der Lage zu fluchen. Das Fluchen ist nämlich etwas Emotionales, was wie eben gesagt, auf der anderen Seite repräsentiert ist. Man kann auch nicht generell sagen, das Sprachzentrum sei beim Rechtshänder in der linken Hemisphäre! Was man sagen kann, ist dass bei Rechtshändigkeit häufig das (für logische Aufgaben zuständige) Sprachzentrum in der linken Hemisphäre liegt. Es kann aber auch in der rechten Hemisphäre liegen. Beim Linkshänder ist der Schluss, dass das (logische) Sprachzentrum in der rechten Hemisphäre liegt, noch weniger zulässig, da sehr viele Linkshänder sprachlich im Gehirn genauso organisiert sind, wie Rechtshänder. In der Realität haben nämlich nur 30% der praktizierenden Linkshänder (nicht jeder, der als Linkshänder geboren wird, kann seine Linkshändigkeit auch leben), also 3% der Gesamtbevölkerung ihr (logisches) Sprachzentrum auf der rechten Seite. (Peschanel: Linkshänder sind besser)

Die unterschiedlichen Aufgaben der einzelnen Gehirnareale werden heutzutage sehr differenziert betrachtet. Je mehr Erkenntnisse die Neurowissenschaften über die Gehirnfunktionen haben, desto mehr wird erkannt, dass alle Aufgaben im Gehirn sehr vernetzt sind und sehr viele Gehirnareale an einzelnen Aufgaben beteiligt sind. Ich denke dennoch, dass man sagen kann, dass bestimmte Areale Leitfunktionen für bestimmte Aufgaben haben und somit übernimmt die rechte Großhirnhemisphäre beim Linkshänder sehr viele Aufgaben in der motorischen Handsteuerung.

Die Frage nach den Ursachen von Links- und Rechtshändigkeit mag wissenschaftlich interessant sein. Sie braucht uns Pädagogen aber (fast) nicht zu interessieren, zumal die natürlichen Ursachen wissenschaftlich anscheinend auch heute noch nicht völlig geklärt sind. Siehe hierzu einen Auszug aus WIKIPEDIA: „Da Händigkeit in Familien häufig weitergegeben wird, ein Viertel aller eineiigen Zwillinge aber unterschiedliche Händigkeiten aufweist, geht man heute von Vererbungstendenzen aus, die nicht den mendelschen Gesetzen folgen. In jüngster Zeit sind genetische Erklärungen präzisiert und eine bestimmte Stelle auf dem Chromosom 2 genannt worden."

Mögliche Probleme
Ich habe soeben geschrieben, dass uns die Ursachen der Händigkeit **fast** nicht zu interessieren brauchen. Dies trifft natürlich nur für diejenigen Kinder zu, die bezüglich ihrer Händigkeit so leben, wie sie geboren wurden, also für geborene Linkshänder, die auch als Linkshänder leben und für geborene Rechtshänder, die auch als Rechtshänder leben. Leider ist dieser „gesunde" Zustand aber nicht selbstverständlich.

Umerziehung
Früher war es üblich, Linkshänder zwanghaft zu Rechtshändern umzuerziehen. Da man gemerkt hat, dass solche Menschen später motorisch sehr ungeschickt sind, Schreibstörungen, Sprachstörungen, Legasthenie und vieles mehr bekommen können, ist man dazu übergegangen, Linkshänder nicht mehr umzuerziehen. Dennoch müssen wir davon ausgehen, dass uns auch heute noch Kinder begegnen, die uns als Rechtshänder erscheinen, obwohl sie eigentlich als Linkshänder geboren wurden. Mir sind bisher nur sehr wenige linkshändige Muslime begegnet, genaugenommen kenne ich nur **ein** einziges muslimisches Kind, das sich tatsächlich als Linkshänder

zeigt. Da wir sehr viele türkische Schulkinder haben, ist zu vermuten, dass unter diesen doch einige sind, die als Linkshänder geboren wurden, ihre Linkshändigkeit aber nicht leben dürfen. In ihrem Kulturkreis gilt die linke Hand nämlich als unrein.

Nachahmung

Ein besonders extremer Fall der Nachahmung ist mir begegnet: Ein linkshändiger Junge mit einer linkshändigen Mutter hat gestottert. Durch eine eingehende Diagnostik habe ich herausbekommen, dass er von seiner cerebralen Dominanz her eigentlich Rechtshänder sein müsste. Es lag somit die Vermutung nahe, dass er seine linkshändige Mutter nachgeahmt hat. Solche Nachahmungen sind natürlich im umgekehrten Fall noch häufiger zu vermuten: Dass nämlich Kinder, deren Händigkeit (noch) nicht ausgeprägt ist, ihre rechtshändigen Mitmenschen nachahmen und somit ihre eigentliche Dominanz vernachlässigen.

Verkehrte Welt

Die Nachahmung der rechtshändigen Mitmenschen wird den Linkshändern dadurch erleichtert, dass sie permanent in einer für sie verkehrten Welt leben: Viele Werkzeuge und Geräte sind einseitig auf Rechtshänder zugeschnitten, wir schreiben von links nach rechts (für den Linkshänder wäre es normal, in Spiegelschrift von rechts nach links zu schreiben), wir geben uns zur Begrüßung die rechte („schöne“) Hand, ...

Aber auch wer als Linkshänder nicht seine rechtshändige Umwelt nachahmt, sondern als Linkshänder lebt, lebt in dieser verkehrten Welt. Er kann viele Werkzeuge und Geräte nur unter erschwerten Bedingungen bedienen. Mit der Schrift hat er gleich mehrfach Probleme: Erstens muss er dauernd umdenken (seine Schrift wäre ja die Spiegelschrift) und zweitens hat er Mühe beim Schreiben, weil seine Schreibhand das Geschriebene verdeckt. Drittens verwechselt er gerne mal Buchstaben spiegelbildlich, und viertens kann ihm das auch noch beim Lesen passieren, so dass er auch damit Mühe hat.

Defekte

Als ob die Probleme mit der „verkehrten Welt“ nicht schon genug wären, müssen wir auch noch bedenken, dass wir es bei linkshändigen Kindern auch mit „Defektlinkshändern“ zu tun haben können: Ein eigentlich rechtshändiges Kind kann nicht rechtshändig arbeiten, weil z. B. seine rechte Extremität erkrankt oder verletzt ist, oder weil es in seinem Gehirn oder den Nervenbahnen zu einer Störung gekommen ist. Dieses Kind wird dann handmotorisch nicht von seiner dominanten sondern von seiner motorisch untergeordneten Hemisphäre gesteuert. Das heißt, dass die Hemisphäre, die eigentlich zuständig wäre, nicht arbeiten darf, und die Hemisphäre, die sich „ausruhen" dürfte aber steuern muss. Hier sind – genau wie bei allen anderen genannten Beispielen – Lateralitätsprobleme vorprogrammiert. Mehr zu diesem Thema im Kapitel „Lateralitätsstörungen erkennen".

Vorbeugung
Um lateralitätsbedingten Lernstörungen vorzubeugen, sehe ich drei Hauptbausteine:

A: Entspannter Umgang mit der Linkshändigkeit
B: Trotzdem genaue Beobachtung der linkshändigen Kinder
C: Hilfen anbieten

Entspannter Umgang mit der Linkshändigkeit
Wie oben beschrieben, sind im Zusammenhang mit Linkshändigkeit viele Probleme möglich. Trotzdem: Linkshändigkeit ist ein ganz „normales" Phänomen, weshalb man Linkshänder auch ganz „normal" behandeln sollte:

- nicht durch irgendwelche Bemerkungen zu besonderen Schülern hochstilisieren
- keine Äußerungen zu möglichen Schreibproblemen machen, da die Probleme sonst möglicherweise als *self fulfilling prophecy* kommen
- die Eltern beruhigen und ihnen erklären, dass Linkshänder auf keinen Fall zum rechtshändigen Schreiben erzogen werden dürfen

Genaue Beobachtung der linkshändigen Kinder
Hier meine ich die Beobachtung beim Schreibenlernen. Bereits in den Kapiteln zu *Druckschrift*, *Schreibschrift* und *Schreiberziehung* habe ich darauf hingewiesen, dass es ganz wichtig ist, Schreibanfänger beim Schreiben genau zu beobachten, damit sie sich keine Fehler angewöhnen. Wenn diese Ratschläge beherzigt werden, nimmt das linkshändige Kind keine Sonderstellung ein. Man muss einfach aufpassen, dass es

- sich keine falschen Schreibbewegungen angewöhnt
- sich an die vorgegebenen Schreibrichtungen hält
- keine Buchstaben spiegelverkehrt schreibt
- sich keine verkrampfte Schreibhand angewöhnt

Die nebenstehende Abbildung eines linkshändigen Drittklässlers zeigt, dass auch mit der linken Hand eine ganz entspannte, unverkrampfte Handhaltung möglich ist.

Hilfen für Linkshänder

Es gibt

- Scheren für Linkshänder
- Füller für Linkshänder
- Stifthalter
- Schreibunterlagen für Linkshänder (mit markiertem Blattneigungswinkel)
- Spitzer für Linkshänder
- Lineale für Linkshänder
- Messer für Linkshänder (die man in der Schule aber kaum brauchen wird)

Der Lehrer kann

- Die Eltern über diese Hilfen informieren (siehe **Merkblatt für Eltern)**
- Einen Linkshänder **links** neben einen rechtshändigen Nachbarn setzen, dann stoßen die Ellbogen nicht aneinander
- Arbeitsvorlagen benutzen oder erstellen, die auch dem Linkshänder die Vorlage unverdeckt anbieten

Während bei Vorlagen zu Schreibübungen die Buchstaben meist nur am linken Rand gezeigt werden, sollten sie für die Gleichberechtigung der Linkshänder auch am rechten Rand gezeigt werden. Andernfalls hat das linkshändige Kind keinen permanenten Blick auf die Vorlage, und es muss die Schreibhand ständig zur Seite nehmen um die Vorlage sehen zu können.

Bei Linkshändern ist es anzuraten, das Blatt ca. 30° im Uhrzeigersinn zu kippen, so dass die linke obere Ecke höher ist als die rechte obere Ecke. Diese Stellung hat den Vorteil, dass die Schreibhand immer unterhalb der Schrift bleibt und die Tinte nicht verwischt wird. Unbedingt nötig ist diese Maßnahme aber nicht, wie man am Beispiel des abgebildeten Drittklässler sieht.

Elternbrief dazu auf CD-Ordner: Elternarbeit ➔ Linkshänder

Wochenpläne

Bitte halten Sie sich **nicht** an meine Wochenpläne! Wie beim Prinzip *Individualisieren und Differenzieren* erwähnt, müssen wir den Kindern ein individuelles Lerntempo zugestehen. Ich möchte hiermit nur aufzeigen, wie lange ich selbst an welchem Modul gearbeitet habe.

Schulwoche	Inhalte
1. – 2.	Modul A
3. – 8.	Modul B, Weiterarbeit an Modul A
9. – 14.	Einführung der Buchstabentabelle, Modul C , graphomotorische Übungen, Training der visuellen Wahrnehmung, Weiterarbeit an Modul A: Rhythmik und Bewegungserziehung
15. – 18.	Lernzielkontrolle nach Modul C, Modul D, Weiterarbeit an Modul C, Weiterarbeit an Modul A: Rhythmik und Bewegungserziehung
19. – 21.	Modul E, eventuell Weiterarbeit an anderen Modulen
22. – ...	Modul F, Weiterarbeit an Module E
26. – ...	Module G & H, Weiterarbeit an Module E und F

Quellen

DÜMLER, R. (1996). Leichter lesen lernen. Dortmund: verlag modernes lernen
DÜMLER, R. & JÄCKLEIN, M. (2005). Ich sag doch Lollmops. München: Kösel Verlag
DÜMLER, R. (2010). Irrwege und Auswege bei der Förderung von Lesen und Rechtschreiben. Neuss: skript-Verlag
DÜMLER, R. (2010). Lese- und Rechtschreibproblemen vorbeugen. Buxtehude: Persen Verlag
FORSTER, M. & MARTSCHINKE, S. (2002). Leichter lesen und schreiben lernen mit der Hexe Susi. Donauwörth: Auer Verlag
GOLLWITZ, G. (1989). Bildermix zum Sprechenlernen. Regensburg: Giselher Gollwitz Selbstverlag
HARTMANN, E. & DOLENZ, R. (2005). Olli, der Ohrendetektiv. Donauwörth: Auer Verlag
KALMÁR, M. (2001). Auditive Fallen im Lese-Rechtschreib-Lernprozess. In: dgs – Landesgruppe Berlin, Sprachheilpädagogik im Spannungsfeld von Wissenschaft und Praxis. Würzburg: edition von freisleben
LÖHR, M. & KIRMAIR, F. (2006). Malöhrs Graphomotorisches Übungsheft - Nr. 1 „Zirkus Konfetti“: www.maloehr.de
MAYER, A. (2009). Blitzschnelle Worterkennung. Dortmund: Borgmann Media
RAUCH, G. (2012). Der Vogl dringd Wasa. Main Post, 16.2.2012
RAUCH, G. (2012). Das Siechtum der Rechtschreibung. Main Post, 16.2.2012
REICHEN, J. (1982). Lesen durch Schreiben. Zürich: SABE
WERSCHERBERGER SPRACHFIBEL. Arbeiterwohlfahrt Weser-Ems e.V.
ZEICHNUNGEN & FOTOS für die Arbeitsblätter Modul B und C: Gisela Linder 2014

Modul A
Vorbereitung der Teilleistungen

hören – sprechen – sehen – bewegen

Wenn ich von meinen eigenen Erfahrungen beim Unterrichten von Lesen und Schreiben ausgehe, darf ich behaupten, dass wohl sehr häufig der Unterricht begonnen wird, ohne dass man sich Gedanken macht, ob alle Schüler die richtigen Voraussetzungen zum Lesen- und Schreibenlernen haben. Oder auch, dass man sich selbst (so wie ich am Anfang meines Erstklässerunterrichts) gar keine Gedanken macht, was **Schriftspracherwerb** überhaupt bedeutet. Deshalb möchte ich zum Einstieg in das Modul A einen kleinen Vorspann einfügen:[1]

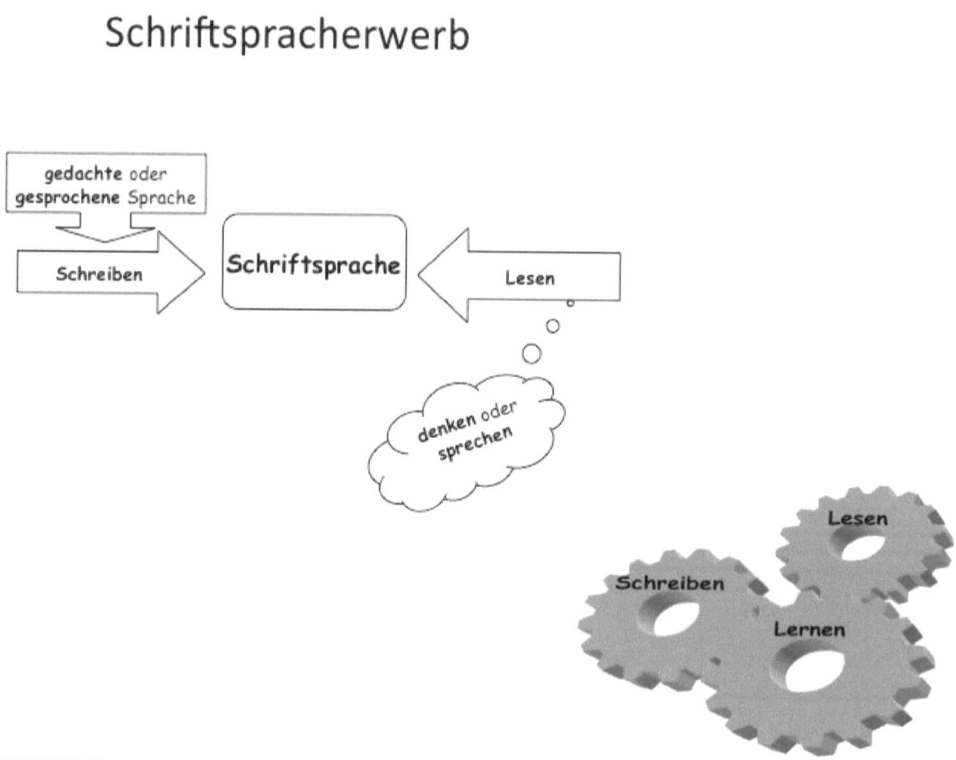

1 Drei Folien aus: Leichter Lesen und Schreiben lernen. Vortrag von R. Dümler & M. Jäcklein, Bozen 2008

Gedachtes oder Gesprochenes wird aufgeschrieben, es wird in die **Schriftsprache** umgesetzt. **Schriftsprache** kann man durch Lesen in gedachte oder gesprochene Sprache umwandeln.

Um diese beiden Wege zu beschreiten ist aber noch ein entscheidender Faktor nötig: Das Lernen! Und für dieses wiederum gibt es bestimmte Voraussetzungen, die nicht bei allen Schulanfängern gleichzeitig vorhanden sind; noch dazu wenn, wie in letzter Zeit üblich, die Kinder immer frühzeitiger eingeschult werden, anstatt dass man ihnen bis zum 7. Lebensjahr Zeit lässt ...

Was braucht also ein Kind, um dieses Räderwerk von Lernen, Schreiben, Lesen zu verknüpfen? Man kann die Frage auch umkehren, und überlegen, wodurch kommen eigentlich Probleme beim Schriftspracherwerb zustande:

Ursachen von Störungen beim Schriftspracherwerb

- früher: visuelle Wahrnehmung (Buchstaben stehen im Vordergrund)
- heute: phonologische Bewusstheit (Laute stehen im Vordergrund)
- die Wahrheit liegt dazwischen
- und es gehört noch viel mehr dazu ...

... nämlich:

- fehlerfreie Aussprache
- altersgemäßer Wortschatz
- altersgemäße Grammatik
- auditive Differenzierungsfähigkeit
- phonematische Differenzierungsfähigkeit
- Merk- und Speicherfähigkeit
- ungestörter Zugriff auf den Speicher
- optische Differenzierungsfähigkeit
- Unterscheidung von Raumlagebeziehungen
- unterscheiden und merken von Buchstaben
- vergleichen und wiedererkennen von Ganzwörtern
- einhalten der üblichen Arbeitsrichtung
- Interesse am Lesen
- gutes Hör- und Sehvermögen

Sortieren wir nun diese Voraussetzungen nach den genannten Teilleistungen in der Überschrift:

hören

- gutes Hörvermögen
- phonematische Differenzierungsfähigkeit
- auditive Differenzierungsfähigkeit

sprechen

- fehlerfreie Aussprache
- altersgemäßer Wortschatz
- altersgemäße Grammatik
- sehen
- gutes Sehvermögen
- vergleichen und wiedererkennen von Ganzwörtern
- unterscheiden und merken von Buchstaben
- Unterscheidung von Raumlagebeziehungen
- optische Differenzierungsfähigkeit
- bewegen
- einhalten der üblichen Arbeitsrichtung
- unterscheiden und merken von Buchstaben
- Unterscheidung von Raumlagebeziehungen

und ganz nebenbei

- Interesse am Lesen
- Merk- und Speicherfähigkeit
- ungestörter Zugriff auf den Speicher

Da sich nun nicht alle genannten Teilleistungen in den ersten Schulwochen im Klassenverband überprüfen oder fördern lassen, kommen wir nun zu den Teilbereichen, an denen ich im Modul A mit meinen Schulanfängern arbeite:

Phonologische Bewusstheit

Was ist phonologische Bewusstheit?

Phonologie: Die Lehre von den Lauten und Lautgruppen hinsichtlich ihrer Funktion für die Bedeutung der Wörter

Ein Kind mit phonologischer Bewusstheit kann

- weg vom Inhalt der Sprache, hin zur Form der Sprache
- sprachliche Strukturen erkennen
- Lauten Buchstaben zuordnen
- Buchstaben Laute zuordnen
- phonologische Einheiten analysieren und synthetisieren

Wir unterscheiden

- phonologische Bewusstheit im weiteren Sinn
  - Silben segmentieren
  - Silben zusammensetzen
  - Reime erkennen
  - Reime bilden
- phonologische Bewusstheit im engeren Sinn
  - Anlaute vergleichen
  - Laute in Wörtern erkennen
  - Phonemanalyse
  - Phonemsynthese

Zum Training der phonologischen Bewusstheit habe ich mir kein eigenes Material erarbeitet.

Ich empfehle hierfür:

Die **Hexe Susi,** Forster, M., Martschinke, S.: Leichter lesen und schreiben lernen mit der Hexe Susi, Donauwörth 2002
und/oder

Olli der Ohrendetektiv
Hartmann, E., Dolenc, R.: Olli, der Ohrendetektiv, Donauwörth 2005

Parallel zur phonologischen Bewusstheit mache ich vom ersten Schultag an mit meinen Kindern **Hörübungen**, damit sich die Schüler an genaues Zuhören gewöhnen. Dafür kann man beliebige CDs mit Alltagsgeräuschen, Tierstimmen und Musikinstrumenten verwenden. Mehr dazu im Kapitel ***Rhythmische Erziehung***.

Artikulation

Unter Artikulation versteht man die Bildung (Aussprache) der Laute. Somit sind wir jetzt nicht bei der Phonologie, sondern bei der Phonetik. Bei einer regulären Entwicklung der Lautsprache sollten Kinder etwas im Alter von vier Jahren alle Laute weitgehend richtig aussprechen können. Somit muss ein Schulanfänger auf jeden Fall alle Laute richtig beherrschen. Können nicht alle Laute richtig ausgesprochen werden, kann es leicht zu Verwechslungen kommen, sodass möglicherweise beim Leselernprozess nicht jeder Buchstabe dem entsprechenden Laut zugeordnet werden kann, wodurch schnell Probleme beim Schriftspracherwerb auftreten können. Beim Thema Artikulation geht es für den Lehrer jetzt nicht darum, irgendetwas mit den Schülern zu lernen oder zu üben, sondern um die Beobachtung. Bitte hören Sie bei den Schülern genau hin, ob irgendwelche Aussprachestörungen vorliegen! Eine Minimaldiagnose können Sie auch durchführen, indem Sie den Schülern folgende Wörter vorsprechen, welche die Schüler dann nachsprechen sollen:

Ball, **M**aus, Mil**ch**, **N**uss, Ku**ch**en, si**ng**en, **D**ose, **P**uppe, **F**enster, **Pf**erd, **G**eige, **R**iese, **H**ase, **T**üte, **J**acke, **W**iese, **K**ind, **S**onne, **L**icht, **Sch**ule.

Achten Sie beim Nachsprechen der Kinder auf die fettgedruckten Buchstaben, um zu hören, ob diese Laute richtig ausgesprochen werden. Notieren Sie Laute, die die Kinder nicht richtig aussprechen können und informieren die Eltern, damit möglichst schnell eine logopädische Behandlung durchgeführt wird.

Mehr zur sprachlichen Überprüfung von Schulanfängern und zur Elterninformation in:

Reinhard Dümler:
Lese- und Rechtschreibproblemen vorbeugen (Seite 84 – 90), Persen Verlag 2010

Graphomotorik

Zur Vorbereitung auf das Schreibenlernen mache ich täglich graphomotorische Übungen, die früher „Schwungübungen" genannt wurden. Hierzu gibt es von mir keine Arbeitsblätter, da es von anderen „Anbietern" derartiges Material zuhauf gibt. Ich benutze dazu uralte Kopiervorlagen für „Schwungübungen" und auch neues Material:

Zirkus Konfetti
Marion Löhr
www.maloehr.de

Visuelle Wahrnehmung

Damit Kinder Buchstaben richtig schreiben können, müssen sie nicht nur richtige Schreibbewegungen beherrschen, sie müssen die Buchstaben auch von der visuellen Wahrnehmung her unterscheiden können. Dies ist nicht immer ganz einfach, da es Buchstaben gibt, die sich sehr ähnlich sind, außer dass sie sich in ihrer Raumlage unterscheiden. So kann man aus einem Kreis und einem Strich vier verschiedene Buchstaben herstellen: **b**, **d**, **p**, **q** und das **g** passt auch noch beinahe dazu. Man muss also oben, unten, links und rechts gut unterscheiden können. Auch **L** und **J** sind sich spiegelbildlich recht ähnlich, und das kleine **l** ist dem großen **J** je nach Schrifttyp manchmal noch ähnlicher. Wenn man ein **N** kippt, wird leicht ein **Z** daraus, wenn man ein **M** auf den Kopf stellt, wird ein **W** daraus ...
Mehr zu diesem Thema in Modul B.

Es ist somit enorm wichtig, dass Kinder oben/unten – links/rechts sicher unterscheiden können. Deshalb gehört zur Vorbereitung der Teilleistungen auch von Anfang an das Training der visuellen Wahrnehmung.

Ich benutze dafür Arbeitsblätter aus:

Heiner Müller: Arbeitsblätter zur optischen Differenzierung, Persen Verlag

Rhythmik & Bewegungserziehung[2]

Einleitung

Rhythmische Förderung

Grundlegende Funktionen des Lebens, Handlungen, Bewegungen, Empfindungen werden vom Rhythmus bestimmt. Der Rhythmus darf nicht mit den musikalischen Begriffen Metrum (Geschwindigkeit eines Musikstückes) und Takt (Betonung der einzelnen Schläge) verwechselt werden. Der Rhythmus ist zwar auch ein entscheidendes Moment in der Musik, er ist aber etwas viel grundlegenderes. Unsere Zeit lebt vom Tag-Nacht-Rhythmus, das Jahr wird durch den Rhythmus der Jahreszeiten bestimmt, letzten Endes liegt dem ganzen Universum ein Rhythmus zugrunde, die ewige Schwingung zwischen den Gegensätzen: oben - unten, plus - minus, warm - kalt, männlich - weiblich, fröhlich - traurig, usw. Dieses System wird in der taoistischen Philosophie durch das Yin und das Yang ausgedrückt, welche aus der Einheit des Universums entstehen, und Grundlage für alle weiteren Entwicklungen sind.

Die praktischen Erfahrungen in der Pädagogik zeigen, dass bei vielen entwicklungsverzögerten Kindern auch Ausfälle in Rhythmus und Melodie auffallen. Dies wird auch durch zahlreiche fachpädagogische Untersuchungen belegt. Oft kommt auch noch eine verzögerte Entwicklung der Motorik (Bewegung) hinzu. Die Koordination der Bewegungen kann gestört sein, ebenso die Entwicklung der Lateralität (Seitigkeit, insbesondere Händigkeit). Hinzu kommen Probleme der räumlichen Orientierung, die auf Schwierigkeiten mit dem eigenen Körperbild basieren können. Wer seine eigenen Körperteile nicht unterscheiden kann, wer oben und unten, hinten und vorn am eigenen Körper nicht unterscheiden kann, wird sich sicher auch nicht besonders gut im Raum orientieren können.

Ein weiteres Problem in diesem Bereich ist die gestörte Figur-Grund-Wahrnehmung. Was ist darunter zu verstehen? Wenn ich einen Stuhl inmitten von vielen anderen Möbeln erkennen will, muss mein Gehirn aus all den optischen Eindrücken, die ihm vom Auge geschickt werden, den gemeinten Stuhl von all dem Nichtgemeinten unterscheiden. Es muss ausfiltern, die Figur (das Gemeinte, das Wichtige) vom

2 Die Ausführungen zu Rhythmik und Bewegungserziehung stammen auf dem „Handbuch zur Vorschulischen Erziehung sprachbehinderter Kinder" (Staatsinstitut für Schulpädagogik und Bildungsforschung, München - unveröffentlichtes Manuskript). Erstveröffentlichung in: R. Dümler: leichter lesen lernen, Dortmund 1996

Hintergrund (dem Unwesentlichen, dem Nichtgemeinten) trennen. Wenn ich auf einer Party bin und mir jemand etwas erzählt, muss mein Gehirn von allem, was das Ohr sendet, genau das herausfiltern, was der Erzähler spricht. Das Reden der anderen Leute muss in den Hintergrund „geschaltet" werden, obwohl es möglicherweise viel lauter ist, als das, was ich eigentlich hören möchte.

Bedenkt man, dass das Lesenlernen eine sprachliche Funktion ist (nämlich der Erwerb der Schriftsprache), und dass die Ausbildung der kindlichen Bewegungsfertigkeit eine wichtige Grundlage der Sprachentwicklung ist, erkennt man die Notwendigkeit der Förderung in den Bereichen Rhythmik und Bewegungserziehung, die sich zum Teil überschneiden oder ergänzen.

Bewegungserziehung

Die Entwicklung der Intelligenz, des seelischen Gleichgewichtes und der sozialen Anpassung eines Kindes sind in den ersten beiden Lebensjahren eng mit der Entwicklung der Körperkontrolle und der Fortbewegung verknüpft. Somit kann Bewegung als erste Kommunikationsform des jungen Menschen betrachtet werden. Tast- und Bewegungsempfindungen sind die frühesten Sinneseindrücke, die ein Mensch wahrnehmen kann.

Wie schon im Bereich Rhythmik erwähnt, haben viele sprach- und entwicklungsverzögerte Kinder auch Schwächen im motorischen Bereich, also in der Entwicklung der Bewegungsfähigkeit. Eine gezielte Bewegungserziehung erhält dadurch besondere Bedeutung in zweierlei Hinsicht: Einerseits sollen die Bewegungsrückstände ausgeglichen werden, andererseits sollen Sinneskanäle erschlossen werden, welche die ebenfalls meist verzögert entwickelten Sinne für Hören und Sehen unterstützen können. Dies sind die Sinne für Bewegung, Tasten, Gelenkstellung, Muskelspannung. Es ist nämlich zu erwarten, dass sich alle geförderten Sinne gegenseitig aktivieren.

Die genannten Zusammenhänge weisen darauf hin, dass ein Kind, bei dem Leseschwierigkeiten zu erwarten sind, nicht isoliert im Bereich Lesen zu fördern ist, sondern dass das ganzheitlich angelegte Kind auch ganzheitlich zu fördern ist. Durch gezielte Bewegungserziehung kann sich das Kind seiner eigenen Körperlichkeit und Identität bewusst werden. Dabei werden nicht nur Fortbewegungsmöglichkeiten ausdifferenziert, sondern die Leistungen aller Sinne gesteigert. Nur wenn auf früheren Stufen der Entwicklung die Umwelt mit vielen Sinnen gleichzeitig erfasst werden kann, besteht später die Chance, Gegenstände oder Zusammenhänge mit einem Sinn allein wahrzunehmen.

Für die Bewegungserziehung ergeben sich im Detail folgende Aufgaben:
Sie

- gibt dem Kind Gelegenheit zu Aktivität, Spontaneität und Kreativität
- befriedigt die vitalen motorischen Bedürfnisse des Kindes
- ermöglicht die Integration in Gruppen
- baut Leistungsunsicherheit ab und fördert Selbstvertrauen
- koordiniert die Leistungen aller Sinne
- fördert das Körperbewusstsein
- steigert Ausdauer und Belastbarkeit
- verschafft Freude am eigenen Tun
- baut Kontaktschwierigkeiten, Kommunikationsstörungen und Verhaltensauffälligkeiten ab.

Durchführung
Die Beschreibung wird im Text durch Fett-, Normal- und Kursivdruck gegliedert:

- \- **Fettgedrucktes** gibt Ziele an
- \- In normaler Schrift stehen Empfehlungen zur Durchführung
- \- Die bei der Durchführung geförderten Bereiche werden *kursiv* gedruckt

Rhythmische Förderung
- Der Bereich der Rhythmischen Erziehung gliedert sich in folgende Grobziele:
- Sich einordnen
- Horchen
- Schauen
- Tasten und Fühlen
- Kreativ gestalten
- Sich auf Partner und Gruppe einstellen

Sich einordnen
Den freien Raum entdecken
- Gelegenheit zur Raumerfahrung geben
- Im Raum durcheinander gehen (mit und ohne Musik, nach Rhythmen, Handtrommel etc.)
- z. B. Alle sind Vögel, Flugzeuge, ...

Psycho-sozialer Bereich

- Sich trauen
- in den leeren Raum zu gehen
- sich im Raum zu bewegen
- den Raum zu erfahren

Sich im freien Raum einordnen

Aufgabenstellungen

- wir gehen alle vorwärts
- wir gehen alle rückwärts ...

Sensomotorischer Bereich

- Bewegungsabläufe steuern

Psycho-sozialer Bereich

- Rücksicht auf andere Kinder nehmen
- Einschätzung von Eigen- und Fremddynamik von Körpern

Grammatisch-syntaktischer Bereich

- Befehlssätze und Aufforderungen verstehen

Semantisch-lexikalischer Bereich

- Vorwärts, rückwärts, seitwärts, gerade, kurvig ...

Erfahrungen im begrenzten Raum gewinnen

Raumordnung herstellen:

- Wir gehen um den Reifen, wir gehen durch die Seilstrasse, ...
- Raumrichtungen erfassen: Wir gehen zum Fenster, nach links / rechts
- Raumformen gestalten: Wir machen Kreise, Dreiecke, Vierecke aus Matten, Stäben, Reifen, Bänken, Seilen, Klötzen, ...

Grammatisch-syntaktischer Bereich

Aufforderungscharakter der Sprache verstehen:

- Steh auf! Setz dich!
- Alle Kinder kommen schnell zu mir!
- Alle Kinder gehen schnell zum Platz!
- Macht einen Kreis!
- Geh zum Kreis, ...

- Aussagesätze benutzen:
- Ich liege ..., ich sitze ..., ich gehe zum ...

Semantisch-lexikalischer Bereich
- hoch / tief, außen / innen, auf / ab
- Kreis / Dreieck / Viereck, Reifen / Stab / Seil

Psychomotorischer Bereich
- Selbstkontrolle, Selbstbeherrschung (Arbeitsmaterialien nicht knicken, sondern sorgfältig damit umgehen, ...), Durchhalten, Koordinieren

Kognitiver Bereich
- Formen in verschiedenen Darstellungsformen erleben (Kreis, Dreieck, Viereck)

Ordnung in der Zeit erleben
- Eigene Bewegungsabläufe und Bewegungsabläufe des Materials erleben
- Bewegungen nach eigenem Zeitmass
- Signale erfassen, darauf reagieren
- Unterbrechen und umschalten können nach Signal
- Durchhalten und Koordinieren
- Variationen im Tempo
- Metren und Rhythmen wahrnehmen, z. B. Uhr, Tonband, Metronom, Rhythmusgerät, Ball, Reifen

Sensomotorischer Bereich
- Zeitgefühl für Bewegungsabläufe bekommen
- Wahrnehmen verschiedener Zeitabläufe (Rhythmen)
- Kreatives Gestalten in einem Metrum

Grammatisch-syntaktischer Bereich
- Aussagesätze: Der Ball rollt schnell. Der Reifen rollt langsam.

Semantisch-lexikalischer Bereich
- Verben: bremsen, anhalten, stehen bleiben, stoppen

Ordnung in den Dingen erfahren

Durch spielerischen Umgang mit verschiedenen Materialien deren Eigengesetzlichkeit erfahren:

- Bälle, Reifen, Keulen, Seile, Kugeln, Klötze, ...

Grammatisch-syntaktischer Bereich

Aussagesatz:

- Der Reifen taumelt.
- Der Reifen tanzt.
- Der Reifen scheppert.
- Der Ball ist aus Stoff.
- Der Ball ist aus Gummi.

Semantisch-lexikalischer Bereich

- Gummiball, Stoffball, Papierball, Watteball
- rollen, tanzen, drehen
- weich, glatt, rau, eckig, rund

Horchen

Umweltgeräusche wahrnehmen

- Wassertropfen, Wind, Vögel, Hundegebell, Stimmen, Herzschlag, Autos bewusst wahrnehmen
  - in Wirklichkeit
  - vom Band

Sensomotorischer Bereich

- Schulung des Gehörs und der Konzentration
- *Semantisch-lexikalischer Bereich*
- Geräusche benennen und zuordnen
- z. B. brummen Bär, tropfen Wasserhahn, ...

Grammatisch-syntaktischer Bereich

Aussagesatz:

- Die Autos hupen.
- Der Hund bellt.

Geräusche und Klangqualitäten wahrnehmen

- Anbieten von Geräuschen
- Gegenstände zum Klingen bringen
- Geräusche erzeugen mit
  - Körperinstrumenten (Hände, Füße, Stimme)
  - vorgefundenen Instrumenten (Herbstblätter, Zeitungspapier, ...)
  - selbstangefertigten Instrumenten (Rasselbüchsen, Zupfinstrumenten aus Kästchen und Gummi)
  - vorgefertigten Instrumenten (Triangel, Trommel, ...)

Psychomotorischer Bereich

- Zuhören, hinhören, lauschen können

Semantisch-lexikalischer Bereich

- Verben: rascheln, knistern, tönen, scheppern, klingen, ...

Geräusche und Klänge erkennen und vergleichen

- Zuerst stark gegensätzliche Geräusche und Klänge anbieten, dann ausdifferenzieren

Semantisch-lexikalischer Bereich

- Adjektiva: laut / leise, kurz / lang, hoch / tief, ...

Sensomotorischer Bereich

- Konzentration, akustisches Gedächtnis

- Klänge, Geräusche und Töne nachvollziehen, nachahmen und selbst erzeugen
- Möglichkeiten für Geräusche, Klänge und Rhythmen schaffen mit
  - Orff-Instrumenten
  - selbst gebastelten Instrumenten
  - körpereigenen Instrumenten

- Klangreihen, Sequenzen aufnehmen und nachvollziehen
- Tierstimmen, Höreindrücke in Bewegung umsetzen
- Symbole für Höreindrücke und Bewegungsvorgänge finden

Phonetisch-phonologischer Bereich
- brummen wie ein Bär
- quietschen wie eine Tür
- meckern wie ein Ziege

Emotionaler Bereich
- Freude an Geräuschen, Klängen und Bewegung
- Freude am eigenen Tun
- Steigerung des Selbstwertgefühls

Geräusche, Klänge und Töne ordnen
- Höreindrücke ordnen (hoch tief, hell dunkel, schwer leicht, kurz lang, nah fern, ...)
- Symbole für Höreindrücke finden (helle und dunkle Gegenstände, Farbsymbole, Symbolkärtchen)

Mit Geräuschen und Klängen kreativ gestalten
- Rollenspiele: Zoo, Hühnerhof, Orchester, ...
- Geräuschgeschichten: Gewitter, Feuerwehr, ...

Emotionaler Bereich
- Identifikation mit Rollen und Situationen

Psycho-sozialer Bereich
- Aufeinander hören, aufeinander eingehen, kreatives Gestalten

Den eigenen Höreindrücken trauen
- Hören mit verdeckten Augen, geschlossenen Augen, verbundenen Augen

Sensomotorischer Bereich
- Vertrauen in die eigenen Sinneseindrücke gewinnen

Psycho-sozialer Bereich
- Gewinnen von Umweltvertrauen

Ordnung in der Sprache erkennen und anwenden

- Spiele mit der Sprache durchführen
- Wörter und einfache Sätze zu gegebenen Rhythmen und Bewegungen finden
- Rhythmisieren von Wörtern und Reimen durch Körperinstrumente

Sensomotorischer Bereich

- Koordinieren von Hören - Sprechen - Bewegen

Schauen

Sich auf ruhende Dinge konzentrieren

- Ruhende Dinge im Raum entdecken, betrachten, beschreiben

Sensomotorischer Bereich

- Visuelle Konzentration, Merkfähigkeit

Semantisch-lexikalischer Bereich

- Eigenschaften: rot / grün, rund / eckig, ...

Sich auf Dinge in Bewegung konzentrieren

- Bewegliches mit den Augen betrachten, z. B. rollende Kugel bis sie liegen bleibt

Semantisch-lexikalischer Bereich

- Rollen, gehen, kullern, ...

Grammatisch-syntaktischer Bereich

- Ich warte, bis der Ball liegt.
- Ich gehe, wenn ...

Bewegungsformen aufnehmen und mit vollziehen

- Laufen, solange die Kugel rollt
- Immer kleiner werden, solange der Reifen tanzt

Sensomotorischer Bereich und Psycho-sozialer Bereich

- Abwarten können, Impulse steuern können

Phonetisch-phonologischer Bereich
- Blasen, summen, brummen, solange der Gegenstand in Bewegung ist

Handlungsfolgen und Bewegungsabläufe einprägen und wiedergeben
Rollenspiele, Pantomime, einen Weg nachgehen, Reihenfolge einprägen
- Ball und Reifen
- Stäbchen auf Schlaghölzchen
- Keule auf Rhythmik-Tuch

Sensomotorischer Bereich
- Gedächtnis Merkfähigkeit

Kognitiver Bereich
- Zuordnungsübungen

Grammatisch-syntaktischer Bereich
- Zuerst - dann

Tasten und Fühlen

Dinge ertasten und erfühlen
- Gegenstände durch Abtasten erkennen und benennen (Krabbelsack, Tastmemory)

Sensomotorischer Bereich
- Taktile Konzentration
- Sensibel werden für taktile Empfindungen

Eigenschaften und Strukturen erkennen, vergleichen, zuordnen

Semantisch-lexikalischer Bereich
- Adjektiva: hart / weich, glatt / rau, schwer / leicht, rund / eckig, warm / kalt

Emotionaler Bereich
- Angenehm - unangenehm

Formen übertragen

- Ertastete und erfühlte Formen legen, gehen, malen, formen, spielen, ...
- Formen auf den Körper malen, wiedergeben (Farben, Knetmasse, Köper, Seile)

Sensomotorischer Bereich

- Sensibilität für Formen

Emotionaler Bereich

- Körperkontakt erleben

Rhythmen taktil wahrnehmen und wiedergeben

- Verschiedene Rhythmen und Tempi werden dem Kind auf den Rücken oder in die Hand geklopft Aufnehmen und nachklatschen

Psycho-sozialer Bereich

- Impulse aufnehmen und wiedergeben

Den eigenen Körper bewusst empfinden

- Durch Tasten die eigenen Körperformen erfahren
- Atmung und Pulsschlag erfühlen
- Körperschema erleben und erfassen

Emotionaler Bereich

- Sich selbst wahrnehmen

Grammatisch-syntaktischer Bereich

- Einsicht in die Aussage mit Vergleichsformen
- z. B. Meine Hand ist kleiner als mein Fuß.

Semantisch-lexikalischer Bereich

- Substantiva: Bein, Arm, Knie, Puls, ...
- Verben: atmen, schnaufen, schwitzen, ...
- Adjektiva: lang / kurz, dick / dünn

Den eigenen Körper im Raum wahrnehmen

- Bewusstmachen der Raumlageempfindung des Körpers in Ruhe und Bewegung
- z. B. mit geschlossenen Augen fühlen: Wo ist mein rechter Fuß?

Sensomotorischer Bereich

- Körperbewusstsein
- Die eigenen Köperteile fühlen
- Die Lage des Köpers wahrnehmen

Semantisch-lexikalischer Bereich

- Oben / unten, vorne / hinten, neben, drinnen / draußen, links / rechts
- Liegen, stehen, sitzen, ...
- Kreativ gestalten

Mit dem eigenen Körper gestalten

Bewegungsabläufe in Rollenspielen und Pantomime gestalten:

- zeitlich, räumlich, musikalisch / gebunden und ungebunden
- z. B. Wie kann ich liegen, sitzen, gehen, stehen, laufen, hüpfen, springen, tanzen?
- Geräusche, Rhythmen, Bewegung mit dem Körper dynamisch gestalten
- z.B. vom Lauten zum Leisen, vom Wind zum Sturm, vom Trippeln zum Trampel und zurück

Emotionaler Bereich

- Spontaneität und Phantasie fördern und erleben
- Selbstwertgefühl, Freude an der Bewegung

Semantisch-lexikalischer Bereich

- leise / laut, schnell / langsam, hoch / tief, leicht / schwer

Mit Materialien gestalten

- Bewegungen, Geräusche, Formen, Figuren, Rhythmen erfinden und gestalten
- Material: Bälle, Reifen, Keulen, Bänder, Stäbe, Säckchen, Bausteine, ...

Sensomotorischer Bereich

- Formen, Geräusche, Zeitabläufe wahrnehmen und umgestalten, neue Möglichkeiten entdecken

Grammatisch-syntaktischer Bereich

Präpositionen:

- Ich trage den Reifen über dem Kopf. Ich trage den Ball unter dem Arm. ...

Mit Musik gestalten

- Märchenspiele, Rollenspiele gestalten
- Melodien, Rhythmen, Lieder und Motive mit Bewegung ausfüllen
- z. B. „Spannenlanger Hansel"
- Melodien, Rhythmen, Lieder, Motive und Signale selbst erfinden und gestalten
- Musik malen
- Frage und Antwortspiele mit Körper, selbst gemachten und Orff-Instrumenten

Sensomotorischer Bereich

- Akustische Wahrnehmung und Merkfähigkeit

Emotionaler Bereich

- Stimmungen in Musik und Bewegung umsetzen

Mit der Sprache gestalten

- Wörter, Sätze, Reime finden und gestalten, Rhythmen dazu erfinden
- Rätsel, Frage und Antwortspiele

Grammatisch-syntaktischer Bereich

- Sprechrhythmus entdecken
- Sich auf Partner und Gruppe einstellen

Führen und folgen

- Rhythmen nachklatschen, sich blind durch den Raum führen lassen, Figuren nachlegen
- Bewegungsarten, Geräusche, Rhythmen und Formen vor und nachmachen
- Taktile, akustische, visuelle Reize als Verständigungsmittel

Psycho-sozialer Bereich

- sich durchsetzen, nachgeben
- Verantwortung übernehmen, Vertrauen haben

Emotionaler Bereich

- Sympathie und Antipathie erleben, zeigen und akzeptieren

Bewegungsabläufe mit dem Partner gestalten

- Gemeinsame und sich ergänzende Bewegungsabläufe finden
- Sich innerhalb einer Zeit, eines Rhythmus, einer Melodie voneinander oder

zueinander bewegen
- Gemeinsam ein Tempo, einen Rhythmus finden
- Gemeinsam abstoppen, umschalten, durchhalten und reagieren auf taktile, visuelle, akustische Reize

Psycho-sozialer Bereich
- Sich lösen / sich finden
- Sich anpassen / sich abgrenzen
- Auf den anderen eingehen / sich durchsetzen

Emotionaler Bereich
- Gemeinsamkeit, Sicherheit, Geborgenheit empfinden
- Ablehnung erfahren und verarbeiten (Frustrationstoleranz)

Bewegungsabläufe mit Partner und Material gestalten
- Zusammen mit Bällen, Reifen, Keulen, Bändern, Stäben, Säckchen, Bausteinen spielen
- Bewegungen, Geräusche, Formen, Rhythmen, Figuren erfinden und gestalten
- z. B. gemeinsam mit einem Seil gehen

Emotionaler Bereich
- Durch das Material bedingte Distanz lernen und akzeptieren

Sensomotorischer Bereich
- Akustische, visuelle und taktile Konzentration

Spiel und Kommunikationsformen erfinden
- Frage und Antwortspiele
- Partner-, Such-, und Tastspiele, Echo-Spiele durchführen
- Auf akustische, taktile, visuelle Signale den Partner wieder finden

Emotionaler Bereich
- Freude am Spiel, Freude am Erfinden

Psycho-sozialer Bereich
- Kommunikationsformen
- Gruppenerfahrung

Grammatisch-syntaktischer Bereich

- Formen des Fragens und Antwortens

Bewegungserziehung

Der Bereich der Bewegungserziehung gliedert sich in folgende Grobziele:

- Beim Gehen und Laufen Erfahrungen sammeln
- Beim Hüpfen und Springen Erfahrungen sammeln und sicher werden
- Beim Klettern und Steigen Erfahrungen sammeln und Sicherheit gewinnen
- Krabbeln, Kriechen und Schleichen als Bewegungsformen erfahren
- Fertigkeiten im Werfen, Fangen, Rollen und Prellen erlangen
- Fertigkeiten beim Ziehen, Schieben und Drücken erwerben
- Balancieren und Schaukeln lernen
- Schwimmen lernen

Beim Gehen und Laufen Erfahrungen sammeln

- Formen des Gehens und Laufens erleben
- Gelegenheit zum Gehen und Laufen schaffen, Bewegungsanreize ermöglichen
- Freies Gehen im Raum, Gehen und Laufen nach Signalen
- Turnhalle, Hof, Wiese
- Trommel, Tamburin, Triangel, ...

Grammatisch-syntaktischer Bereich
Einsicht in den Aufforderungscharakter der Sprache (Imperativ) mit adverbialem Gebrauch:

- geh (lauf) - vorwärts/rückwärts
- Abwärts / aufwärts
- Schnell / langsam
- Laut / leise
- auf Zehenspitzen, Fersen, allen Vieren
- im Kreis, durcheinander, nacheinander, ...

Sensomotorischer Bereich

- Bewegungsabläufe bewusst machen
- Raumerfahrung
- Ausdauer

Psycho-sozialer Bereich

- Kontakt aufnehmen, Selbstvertrauen gewinnen, Bewegungskontrolle erlangen

Gehen und Laufen mit Partnern erleben

- Paarbildung, Reihenbildung, Gänsemarsch, Schlangen, ...

Psycho-sozialer Bereich

- Sich lösen, sich finden, sich ordnen

Gehen und Laufen als Form des Ausdrucks erleben

- Rollenspiele: Riese, Zwerg, Elefant, Indianer, Skifahrer, Gipsfuß, Hund, ...
- Personen darstellen, Gefühle ausdrücken
- Ratespiele
- Schattenspiele
- Pantomime

Grammatisch-syntaktischer Bereich

Aussage (Präsensform) mit der Vergleichsform des Positivs:

- Gehen (laufen) wie ein ...
- Ich fühle mich so stark wie ein ...

Semantisch-lexikalischer Bereich

- Verben: stampfen, schleichen, humpeln, gleiten, stolzieren, latschen , hoppeln, verlangsamen, beschleunigen, verharren, erstarren

Emotionaler Bereich

- Identifikation mit dem Dargestellten

Erfahrungen sammeln beim Gehen auf verschiedenem Untergrund und in verschiedene Richtungen

- Auf Holz, Kies, Sand, weicher Matte, Treppe, Schnee, Laub, Holzboden, Steinboden, Bausteinen, ...
- Mit Schuhen, auf Strümpfen, barfuss, mit Turnschuhen,...

Sensomotorischer Bereich

- Wahrnehmen von Härte, Temperatur, etc.
- Spuren gehen, erkennen, nachgehen

Semantisch-lexikalischer Bereich

- Adjektiva: laut / leise, kalt / warm, hart / weich, glatt / stumpf, ...

Grammatisch-syntaktischer Bereich

Aussageform zur Ortsbestimmung:

- gehen auf, im, nach, durch, über, ...

Experimentieren beim Laufen und Gehen

Gehen

- auf dem Schwebebalken, auf dem Seil, auf dem Reifen, über die Weichmatte
- mit vollem Wasserbecher
- mit verbundenen Augen

Sensomotorischer Bereich

- Bewegungskoordination
- Gleichgewichtsübungen

Psycho-sozialer Bereich

- Wettbewerbe
- Vorsicht, Umsicht, Rücksicht
- Hilfestellung

Semantisch-lexikalischer Bereich

- Präpositionen: auf / unter, neben, hinter / vor, um

In Spielen und Wettspielen Gehen und Laufen erleben

- Fangen (Schwarzer Mann, Blinde Kuh)
- Gehen nach akustischen und optischen Signalen

Psycho-sozialer Bereich

- Einschätzen der eigenen Leistungsfähigkeit
- Gewinnen / verlieren, warten, trösten

Grammatisch-syntaktischer Bereich

- Einsicht in den Aufforderungscharakter der Sprache mit Richtungsangabe:
- lauf ... zum Fenster
- ... zur Wand

- Situationsgemäße Verwendung sprachlicher Formeln (Auf die Plätze, fertig, los!)
- Wer-Frage (Wer fürchtet sich ...? Wer macht mit?)

Semantisch-lexikalischer Bereich
- Verben: flitzen, sausen, rennen, rasen, fangen

Sensomotorischer Bereich
- Reaktionsfähigkeit, Geschicklichkeit

Beim Hüpfen und Springen Erfahrungen sammeln und sicher werden
- Formen des Hüpfens und Springens erleben
- frei im Raum hüpfen und springen
- hochspringen, hinauf- und hinunter springen, hüpfen
- springen und hüpfen aus dem Stand, aus dem Anlauf, über Hindernisse
- seitwärts, vorwärts, rückwärts
- auf einem Bein, mit beiden Beinen
- (Turnsaal, Wiese, Hof, Treppenhaus, Schwimmbecken)

Psychomotorischer Bereich
- Entschlussfähigkeit zur Bewegung
- Erfindungsfähigkeit
- Ausdrucksfähigkeit

Grammatisch-syntaktischer Bereich
- Einsicht in den Aufforderungscharakter und die Aussage der Sprache (spring über ... hüpf vorwärts, ...)

Emotionaler Bereich
- Selbstwertgefühle erleben, sich trauen
- vor Freude hüpfen

Hüpf und Springbewegungen mit Aufgabenstellungen durchführen können
- Hindernisspringen, Springen und hüpfen
- nach Markierungen
- nach einem gegebenen Rhythmus
- nach optischen und akustischen Signalen
- Hüpf- und Springspiele mit Gegenständen (Seile, Stäbe, Reifen)
- Zielspringen (die Treppe runter, im Schwimmbecken dem Lehrer in die Arme ...)

Sensomotorischer Bereich
- Koordination von Bewegungsabläufen

Federn können
- Federn
- mit geschlossenen Füssen
- mit einem Fuß
- auf verschiedenen Unterlagen (Holz, Steinboden, Matratze, Matte)
- Trampolinspringen

Sensomotorischer Bereich
- Wecken des Körpergefühls

Krabbeln, Kriechen und Schleichen als Bewegungsformen erfahren
- Krabbeln und kriechen
- durch Gras, Büsche
- auf Fußboden, Waldboden
- Schleichen und Anschleichen
- Vom freien Tun zur Aufgabenstellung:
- krabbeln wie ein Maikäfer
- schleichen wie ein Indianer, wie eine Katze, ...
- krabbeln und kriechen durch die Beine
- Schattenspiele

Sensomotorischer Bereich
- Aufmerksamkeit richten auf Körpergefühl, Umgebung und Hindernisse
- Bewegungsgestaltung
- Wahrnehmung: lauschen, abhorchen, Vibrationen erfühlen, Richtungshören, Orientierungshören
- Bewegungskoordination unter auditiver und optischer Kontrolle

Grammatisch-syntaktischer Bereich
- Kenntnis der Präpositionen: durch, unter, über, auf, hinter
- Einsicht in die Aussageform mit Vergleichsgliedern („Ich schleiche wie ein Fuchs.“)

Semantisch-lexikalischer Bereich

- Substantiva: Mulde, Dickicht, Höhle, Graben, ...
- Verben: krabbeln, schleichen, kriechen, schlängeln, rutschen, robben, ...
- Gebrauch der Adverbien: laut, leise, schnell, langsam, vorwärts, rückwärts, ...

Fertigkeiten im Werfen, Fangen, Rollen und Prellen

- Werfen, Fangen, Rollen und Prellen mit verschiedenen Gegenständen
- Werfen, fangen, rollen von Bällen verschiedener Größen und Gewichte
- Werfen (fangen) mit Ringen, Scheiben, Sandsäckchen, sonst. Material

Semantisch-lexikalischer Bereich

- Verben: werfen, fangen, rollen, prellen, hüpfen, stoßen, schleudern, schwingen, kreisen, ziehen, stoppen, halten, abklatschen, ...
- Substantiva: Gummi, Stoff, Leder, Medizin, Tennis, Tischtennis, Fußball
- Wurfring, Wurfscheibe, Luftballon
- Adjektiva: rund, schwer / leicht, klein / groß, ...

Sensomotorischer Bereich

- Geschicklichkeit, Reaktionsvermögen, Einschätzen von Geschwindigkeit und Entfernung, Auge-Hand-Koordination

Psycho-sozialer Bereich

- festhalten - loslassen
- abgeben - annehmen

Experimentieren beim Werfen, Fangen, Rollen, Prellen

- Der Ball oder andere Gegenstände rollen
- bis zu einem Zielpunkt
- in verschiedene Richtungen
- im Kreis
- an den Wänden des Raumes entlang
- um den eigenen Körper
- auf schiefen Ebenen

Verschiedene Reaktionen bei unterschiedlicher Materialbeschaffenheit und unterschiedlichen Schwierigkeitsgraden

Sensomotorischer Bereich

- Geräusche wahrnehmen beim Rollen, Anstoßen, Fangen
- Geräusche nachahmen
- Richtungshören
- Geräusche verfolgen, mit offenen und geschlossenen Augen
- Abschätzen der Wurf und Stosskraft
- Erkennen physikalischer Gesetzmäßigkeiten

Emotionaler Bereich

- Kommunikation, Kreativität, Affektbefreiung

Grammatisch-syntaktischer Bereich

- Einsicht in die Aussageform (Präsensform) mit Vergleichsform des Komparativs und Superlativs („der Tennisball hüpft höher“, „der Gummiball hüpft am höchsten“)

Semantisch-lexikalischer Bereich

- Adjektiva: glatt, rau, rund, porös, eckig, wellig, hohl, ...
- Modale Präposition: aus Leder, aus Gummi

Vorgänge beim Werfen, Fangen, Rollen und Prellen sprachlich darstellen

- Erzählspiele, Ausdrucksspiele (z. B.: Der Ball erzählt, was er alles kann)

Grammatisch-syntaktischer Bereich

- Sprachliche Mittel der Stellungnahme: Ich kann rollen, ...

Semantisch-lexikalischer Bereich

- Verben: abwerfen, zuwerfen, abgeben, ...

Phonetisch-phonologischer Bereich

- Bälle haben verschiedene „Stimmen“ oder „sprechen“ in verschiedenen Stimmlagen (großer Ball - tiefe Stimme, kleiner Ball - hohe Stimme)

Regeln beim Werfen, Fangen, Rollen und Prellen beachten lernen

- Regelspiele, Wettspiele, Labyrinthspiele, Staffeln
- Zielwerfen
- in einen Korb
- über eine Schnur
- an die Wand
- durch einen Reifen
- Tore schießen, Zielschießen, Kegeln, Köpfen

Psycho-sozialer Bereich

- Vermittlung von Erfolgserlebnissen
- verlieren, abwarten, gewinnen, aufhören können

Grammatisch-syntaktischer Bereich

Umstandsangaben des Ortes:

- daneben, daran, dagegen, dahinter, darüber, darunter, hinein, hindurch, rechts, links, in der Mitte

Sensomotorischer Bereich

- Koordination von Bewegungsabläufen
- Abschätzen von Zeit, Entfernung, Körperlage, Körperkraft

Fertigkeiten beim Ziehen, Schieben und Drücken erwerben

- Ziehen und Schieben mit verschiedenen Geräten
- Ziehen und schieben mit Seilen, Reifen, Leitern, Stäben

Sensomotorischer Bereich

- Spüren der Körperkraft
- Ausdauer

Ziehen und Schieben mit Partnern

- Partner wegziehen und wegdrücken
- aus dem Reifen
- von der Bank
- vom Medizinball ...

Psycho-sozialer Bereich
- Gemeinsame Aktivitäten erleben

Ziehen, Schieben und Drücken beim Wettkampf
- Wettkämpfe im Stehen, Sitzen, Liegen
- Tauziehen

Grammatisch-syntaktischer Bereich
- Kenntnis der Verlaufsform: im Stehen, beim Spielen, ...

Psycho-sozialer Bereich
- Spielregeln aufstellen und einhalten
- Absprachen über gemeinsames Vorgehen
- Sprechchöre bilden

Balancieren und Schaukeln lernen
- Formen des Balancierens und Schaukelns kennen lernen
- Balancieren auf Linien, Baumstämmen, Kanten, Begrenzungssteinen, Leitern, Langbank, Seilen, Medizinball, Therapiekreiseln, Walzen, Schwebebalken
- Schaukeln auf der Schaukel, am Tau, an Ringen

Sensomotorischer Bereich
- Erfühlen des Körpergewichts
- Schulen des Gleichgewichtssinns

Emotionaler Bereich
- Entspannung, Abbau von Ängsten

Experimentieren beim Balancieren
- Balancieren von Gegenständen auf Kopf, Hand, Fuß, Finger, Ellbogen, Handrücken
- Verschiedene Gegenstände aufeinander balancieren

Sensomotorischer Bereich

Konzentration in der Ausführung von Bewegungen
- Gefühl für Bewegungskoordination
- Sich umstellen auf verschiedene Materialien

Psycho-sozialer Bereich

- Beobachten der Bewegung von anderen Kindern
- gegenseitiges Helfen
- Überwinden von Ängsten, nicht aufgeben

Balancieren und Schaukeln mit und ohne Partner

- Schaukeln auf der Wippe, auf der Schaukel, ...
- Balancieren in der Mitte der Wippe, auf einem Bein, in der Hocke
- auf Baumstämmen einander entgegen laufen, überholen, ...

Sensomotorischer Bereich

- Auf Geräte und Spielpartner abgestimmte Bewegungskoordination

Psycho-sozialer Bereich

- Beobachtungen von Bewegungen anderer Kinder
- gegenseitiges Helfen
- Partner suchen, wählen, fragen
- Überwindung von Ängsten

Balancieren mit Aufgabenstellung

- Gefüllte Wassergefäße tragen, Eierlauf
- mit Gegenständen über eine schmale Bank gehen
- Körpergewicht durch Balancierstange ausgleichen

Sensomotorischer Bereich

- Schulung von
  - Gleichgewichtssinn
  - Koordination
  - Reaktion
  - Konzentration
  - Haltung

Beim Klettern und Steigen Erfahrungen sammeln und Sicherheit gewinnen

- Natürliche Formen erproben
- Klettern und steigen auf (über) Bäume, Zäune, Mauern, Berge

Sensomotorischer Bereich
- Angst überwinden
- Unsicherheiten bewältigen

Grammatisch-syntaktischer Bereich
- Kenntnis wichtiger Präpositionen in der Imperativ- und Präsensform
- (Steig auf, über, zum, ...)

Semantisch-lexikalischer Bereich
- Substantiva: Hindernis, Zaun, Baum, Steine, Hügel

Klettern und Steigen an Geräten und Gegenständen
- Funktionsgerechtes Klettern und Steigen an Leitern, Sprossenwand, Netz, Stangen, Seil, Rutschbahn, Tisch, Stuhl, Bank

Sensomotorischer Bereich
- Geschicklichkeit, Spannkraft

Klettern und Steigen mit verschiedenen Schwierigkeitsgraden
- Sprossen auslassen
- unterschiedliche Abstände überwinden
- klettern auf verschiedenen Ebenen

Psycho-sozialer Bereich
- Selbsteinschätzung, Rücksichtnahme

Sensomotorischer Bereich
- Beobachten und nachahmen von verschiedenen Kletterformen
- Geschicklichkeit, Mut, Konzentration, Ausdauer

Semantisch-lexikalischer Bereich
- Verben: auslassen, überwinden

Hängen und Hangeln lernen
- Kunststücke machen
- hängen an Bäumen, Seilen
- mit Händen, Beinen, Bauch

Sensomotorischer Bereich

- Griffsicherheit üben an Klettergeräten
- Raum-Lage-Beziehung

Schwimmen lernen

- Vertraut werden und Umgehen mit Wasser
- „Störche steigen ins Wasser“ „Wassertreten“
- „waschen“ von Armen, Gesicht, ...
- im Wasser gehen, laufen, hüpfen, strampeln, spritzen
- Partnerspiele mit Bällen, Reifen, Ringen, Schwimmbrettern

Sensomotorischer Bereich

- Bewegungsabläufe der Körpermotorik im Wasser empfinden
- Temperaturerfahrung

Psycho-sozialer Bereich

- Vermitteln von Erfolgserlebnissen in den verschiedenen Aktivitätsbereichen
- Abbau von Angst, psychischen Spannungen und Blockierungen

Laufen und Fangen im Wasser

- Fangen, Wettlauf mit und ohne Gebrauch der Hände

Sensomotorischer Bereich

- Förderung richtiger Bewegungsabläufe im Bereich der Grobmotorik

Tauchen und Auftreiben

- Gesicht ins Wasser legen
- Kopf unter Wasser halten, mit Partner oder alleine
- unter der Schwimmleine, dem Schwimmbrett durchtauchen
- in das Reifeninnere tauchen
- voll beatmet, völlig ausgeatmet aufs Wasser legen („toter Mann“)
- Gegenstände vom Grund hoch holen
- Den Auftrieb von Schwimmhilfen erfahren

Sensomotorischer Bereich

- Weckung des Körpergefühls
- Beseitigung oder Verminderung von Ängsten
- Förderung der Orientierung im Wasser
- Bewusstmachen des Atmens

Psycho-sozialer Bereich

- Hilfestellung geben und akzeptieren
- gegenseitiges Ermutigen

Gleiten und Schwimmen

- Unter Wasser gleiten (durch Abstoßen vom Rand)
- „Toter Mann" spielen
- Kraul-Beinbewegung mit Schwimmbrett einüben
- Kraul-Armbewegung mit Pullboy einüben
- Koordination von Beinbewegung, Armbewegung und Atmung

Nachbemerkung:

Die Übungen zu Rhythmik und Bewegungserziehung können sowohl vor Beginn des Leselehrganges als auch parallel dazu eingesetzt werden. In der dreijährigen Diagnose- und Förderklasse kann der Bereich der Bewegungserziehung im ersten Jahr des Schulbesuches durchaus an die Stelle des regulären Sportunterrichtes treten, da zur Erreichung der Sport-Lernziele des ersten Jahrganges noch das zweite Schulbesuchsjahr (1A) ausreicht. Der rhythmische Bereich kann zur Vorbereitung und Ergänzung des eigentlichen Musikunterrichts beitragen. Zusätzlich können Rhythmik und Bewegungserziehung im regulären Unterricht eingestreut werden, um zwischen den mehr kognitiven Lernphasen eine Abwechslung und Bewegungsmöglichkeiten zu bieten.

Die aufgeführten Inhalte der Bereiche Rhythmik und Bewegungserziehung basieren auf den Ergebnissen eines Arbeitskreises (bei dem ich selbst mitgearbeitet habe), der 1982/83 ein ***Handbuch zur vorschulischen Erziehung sprachbehinderter Kinder*** erarbeiten sollte, welches allerdings unveröffentlicht blieb.

Modul B
Erarbeitung der Buchstabentabelle

Vorbemerkung über „pseudowissenschaftliche“ Lerninhalte:

Früher - bei den alten Fibellehrgängen - wurde den Kindern gerne ein X für ein U vorgemacht. Man hat die Buchstaben ohne Rücksicht auf phonologische Regeln behandelt. Ein e war ein e, auch wenn es wie ä geklungen hat; man hat die Aussprache halt etwas hingebogen. Das macht man zwar heute auch noch beim Rechtschreiben, z. B. um ein h hörbar zu machen, das eigentlich kein Mensch hören kann, weil es überhaupt nicht gesprochen wird: Schuhe werden im täglichen Leben als Schue gekauft, nur in der Schule werden sie mit h gesprochen. Natürlich findet man auch noch phonologische Fehler in Verlagswerken oder von Lehrern selbst gemachten Arbeitsmaterialien. Das soll der Schüler ein r in der Uhr hören, obwohl dies nicht gesprochen wird, oder er soll ein d beim Hund hören, obwohl dies aufgrund der Auslautverhärtung gar nicht zu hören ist. Solche Fehler werden aber immer weniger, denn man hat im Rahmen der Arbeit mit der phonologischen Analyse dazu gelernt. Vor allem die Autoren von Schulbüchern und Arbeitsheften haben dazu gelernt, was jetzt wieder zu seltsamen Erscheinungen führt, sieht es doch so aus, als wollten sie ihre eigenen Erkenntnisse unbedingt an die Schüler weitergeben, egal ob dies nötig ist oder nicht. Beispiele:

- In der Erkenntnis, dass ein gesprochener „Buchstabe“ kein Buchstabe, sondern ein Laut ist, wird der Begriff des Lautes jetzt ständig überstrapaziert.
- Die Schüler werden schriftlich gefragt: Welchen Laut hörst du?
- Die Schüler können lesen: sch und ch sind Laute.
- Oder es wird ihnen schriftlich die Frage gestellt: Welche Wörter beginnen mit demselben Laut?
- Dann können sie lesen: ng klingt wie ein Laut.

Die von Reichen eingeführte Buchstabentabelle heißt jetzt überall Anlauttabelle, zum Teil sogar An- und Inlauttabelle.

Die Pädagogen - und auch die Schulbuchautoren - sind doch verpflichtet, den Stoff so zu vermitteln, dass er den Möglichkeiten und auch den Bedürfnissen der Schüler entspricht. Dazu muss er didaktisch reduziert werden, das heißt man kann nicht das gesamte Wissen eines Fachgebietes an die Schüler weitergeben, weil sie damit überfordert wären. Je jünger und schulisch unerfahrener ein Schüler nun ist, desto mehr muss der Stoff didaktisch reduziert werden. Und wer sind die jüngsten und unerfahrensten in der Schule? Die Erstklässer! An die muss man wirklich nicht alle fachlichen Erkenntnisse weitergeben. Es würde reichten, wenn die Autoren und Lehrer darüber Bescheid wüssten:

Auch wenn ich weiß, dass es einen Unterschied zwischen Laut und Buchstabe gibt, reicht es, wenn ich dem Schulanfänger gegenüber von Buchstaben spreche, denn diese braucht er zum Lesen und zum Schreiben.

Die Tabelle, mit der man sich die richtigen Buchstaben zum Schreiben sucht, ist eine Buchstabentabelle und sonst nichts. Es gibt überhaupt keinen Grund, sie als Anlauttabelle oder gar An- und Inlauttabelle zu bezeichnen.

Warum muss ein Schüler **lesen**, sch und ch seien Laute? Geschrieben sind es Buchstaben. Diese stehen zwar für Laute, aber nicht anders als andere Buchstaben für andere Laute stehen.

Warum **klingt** ng wie ein Laut? Der Laut ŋ wird durch die Buchstaben ng verschriftet. Das Kind muss also wissen: wenn ich ŋ höre, schreibe ich ng. Fertig! Im Übrigen ist es beim Lesen nicht ganz so einfach. Während bei der Angel tatsächlich nur ein ŋ zu hören ist, wird bei Angelika ein zusätzliches g gesprochen ...

Also: Macht es den Schulanfängern doch nicht künstlich schwer, in dem Ihr Sachen an sie weitergebt, die sie gar nicht brauchen oder die nicht einmal ganz richtig sind! Weniger ist oft mehr.[1]

Die Buchstabentabelle

Wenn Schulanfänger mit einer Buchstabentabelle „richtig“ das lesen lernen, die Tabelle also nicht nur als Alibi mit in die Fibel eingefügt wird, erhalten die Kinder von Anfang an eine fertige Buchstabentabelle. Es werden mit dieser Tabelle zwar Übungen zur Phonem-Graphem-Korrespondenz (Verbindung von Laut und Buchstabe) gemacht, aber dennoch wird gleich mit einer kompletten Tabelle gearbeitet. Dies mag für den „Normalschüler“ funktionieren, da ich aber Lese- Rechtschreibproblemen vorbeugen möchte, halte ich es für sinnvoll, die Tabelle Buchstabe für Buchstabe, beziehungsweise Laut für Laut zu erarbeiten. Dies braucht zwar enorm viel Zeit, diese

1 aus: Dümler, R.: Irrwege und Auswege bei der Förderung von Lesen und Rechtschreiben, skript-Verlag, 2010

Zeit sollten wir unseren Schülern aber gönnen, damit alle eine gute Chance für einen sicheren Schriftspracherwerb haben!

Für die Erarbeitung der Buchstabentabelle verwende ich ...

Individuelle Ankerbilder
Sich für jeden Buchstaben ein individuelles Bild auszudenken, dieses zu fotografieren, mit Buchstaben zu versehen und dann noch eine Buchstabentabelle daraus zu machen, ist aufwändig, hat aber mehrere Vorteile:

Der erste und schönste Vorteil ist es, dass man die Vornamen der eigenen Schüler als Ankerbilder benutzen kann. Also nicht L wie Lampe, sondern L wie Lena. Wenn man sein eigenes Bild oder das eines Klassenkameraden als Merkhilfe für einen Buchstaben hat, prägt man sich den Buchstaben viel leichter und schneller ein, und man freut sich, weil man selbst wichtig ist!

Vorteil zwei: Man sucht sich Bilder aus, bei denen man sicher ist, dass sie für die Schüler Bedeutung haben. Wenn ich an Reichens „alte" Buchstabentabelle denke, bin ich mir nicht sicher, ob alle Kinder ein Domino oder eine Ähre kennen. Ein Dach, ein Daumen oder viele Äpfel wären vielleicht eine Alternative. Und wenn man selbst gar keine Idee für ein Ankerbild hat oder haben will, können sich die Schüler ja selbst etwas ausdenken. Das verzögert die Arbeit zwar noch länger, macht den Schülern aber wiederum viel Freude.

Probleme mit den Ankerbildern: Ich habe selbst bei der Erarbeitung meiner Buchstabentabellen (die ja jedes Mal anders sind) „Fehler" gemacht:

Wenn ich für ein X das Xylophon nehme, muss ich mir bewusst sein, dass einige Schüler dieses Wort gar nicht aussprechen können. Viele sagen „Zylophon". Was kann man aber für ein X nehmen, wenn man nicht gerade einen Xaver in der Klasse hat? Oder wenn ich für das H einen Hahn nehme, könnte es sein, dass ihn manche Kinder als Gockel kennen. Ein Haus wäre also vielleicht besser.

Und noch ein Problem, das aber kaum zu lösen ist: Es gibt im Deutschen kein Wort, bei dem der Anfangsbuchstabe Ch tatsächlich als /ch/ gesprochen wird. Der Chinese in an Reichens „alter" Buchstabentabelle mag in der Schweiz funktionieren, ansonsten aber nirgends. Lösung: Ich erkläre den Schülern, dass dieser Buchstabe nur im Wort oder am Wortende „richtig" ausgesprochen wird. Früher habe ich ein Bild jedes einzelnen Kindes auf die Buchstabentabelle geklebt, was dann „ich" bedeutete.

Nachdem nun aber einzelne Schüler sowieso als Merkhilfe für die Buchstaben verwendet werden, nehme ich ein Eichhörnchen, und mache halt viele Erklärungen dazu ...

Phonem-Graphem-Korrespondenz
Wenn nun die Buchstabentabelle Buchstabe für Buchstabe erarbeitet wird, geht es um die Verbindung zwischen gehörten und gesprochenen Lauten mit den dazugehörigen Buchstaben, also um die Phonem-Graphem-Korrespondenz. Dazu ist es nötig, dass die Schüler Laute erkennen und von anderen Lauten unterscheiden können. (Siehe weiter unten **Lautschulung**.) Außerdem müssen sie sich merken, welcher Buchstabe zum entsprechenden Laut gehört. Das bloße Anschauen eines Buchstaben genügt dazu nicht; sinnvoll ist es, sich einen Buchstaben auch motorisch einzuprägen: Also schreiben, schreiben, schreiben,... (Siehe weiter unten **Schreiberziehung**.)

Mit welchen Buchstaben/Lauten soll man beginnen?
Wenn ich feststelle, dass ein Schüler einen (oder mehrere) Laut(e) nicht richtig aussprechen kann, verschiebe ich dessen Einführung möglichst weit nach hinten. Ich verweise auf Modul A „Artikulation“: Hoffentlich hat zwischenzeitlich schon eine logopädische Therapie begonnen, damit der entsprechende Schüler bis zur Einführung des „Buchstaben“ den Laut schon gelernt hat, oder ihn zumindest vom Hören her unterscheiden kann.

Grundsätzlich beginne ich mit „Buchstaben“, die einerseits leicht auszusprechen sind und andererseits auch vom Mundbild her gut zu erkennen sind. Dann kommt ein Buchstabe, der einen möglichst großen Gegensatz zum ersten Buchstaben bildet.

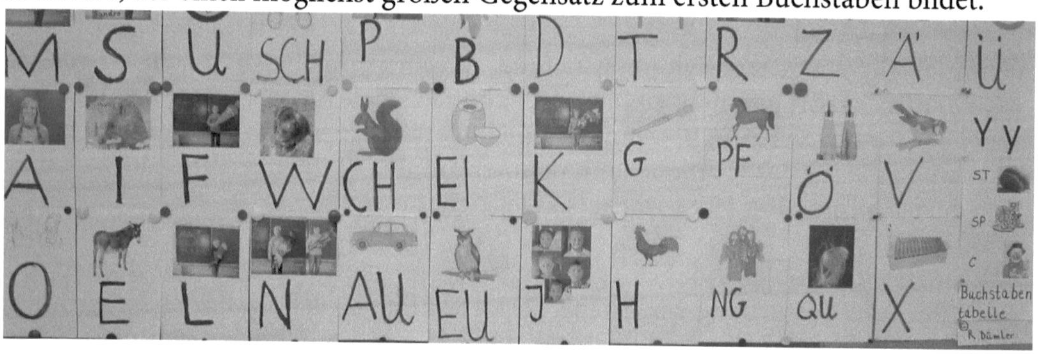

An meiner aktuellen Buchstabentabelle (2012/13) sieht man meine jetzige Reihenfolge der Buchstabenerarbeitungen. Es fängt links oben an, geht nach unten und dann immer spaltenweise weiter: M, A, O, S, I, ...

Und ganz ehrlich: Auch wenn man immer überlegt, wie es weitergehen soll: Manchmal hat man dann doch keinen Plan und macht willkürlich weiter. Buchstaben, die nur noch für orthographische Regeln benötigt werden, führe ich zum Schluss ein.

Wie werden die „Buchstaben“ nun gelernt?

Lautschulung

Bei der Lautschulung und anschließenden Schreiberziehung (also der Phonem-Graphem-Korrespondenz) gehe ich folgendermaßen vor:

Ich erzähle den Kindern: Wir lernen heute unseren ersten Buchstaben ...
Dann mache ich das /m/ mit dem Mund, ohne den Laut auszusprechen.
Ich frage: Kann jemand erkennen, was ich „gesagt“ habe?
Ich wiederhole die Mundbewegung, einige Schüler erkennen das /m/.
Ich sage: Ja, ihr habt es erkannt, wir lernen heute das /m/.
Ich frage: Wer von euch kennt denn Wörter, die mit /m/ anfangen?
Einige benennen Wörter, die mit /m/ anfangen.
Ich zeige ein großes Bild[2], auf dem (neben anderen) viele Dinge zu sehen sind, bei denen man ein /m/ hört. Die Schüler betrachten das Bild und benennen Dinge, die mit /m/ anfangen, oder bei denen /m/ als In- oder Auslaut zu hören ist.
Ich verteile ein Arbeitsblatt, auf dem Bilder zu sehen sind: Einige fangen mit /m/ an, andere nicht. Die Schüler benennen die Bilder, die mit /m/ anfangen.
Als Hausaufgabe müssen die entsprechenden Bilder angemalt werden.
Achtung – Unterschied: Für die Benennung der Bilder und das Anmalen gibt es zwei Varianten:
„Male alle Bilder an, die mit **???** beginnen!“
„Male alle Bilder an, bei denen du **???** hörst!“

Bilder dazu auf CD-Ordner: Modul B ➔ Lautschulung ➔ Werscherberger Fibel
Arbeitsblätter dazu auf CD-Ordner: Modul B ➔ Lautschulung ➔ Arbeitsblätter

2 hierfür benutze ich Bilder aus folgendem Fördermaterial: **Werscherberger Sprachfibel** (siehe Literatur). Natürlich kann man auch andere Bilder auf logopädischen oder sprachheilpädagogischen Materialien verwenden. Oder man sucht sich einfach selbst die unterschiedlichsten Bilder zusammen ...

Weiter im Text:

Ich sage: Jetzt zeige ich euch, wie man ein /m/ schreibt, und schreibe ein großes M an die Tafel.
Ich sage: Jetzt brauchen wir noch ein Merkbild für das /m/, was könnten wir denn da nehmen? – Wir nehmen das Bild eines Kindes, oder was der Lehrer sich sonst ausgedacht hat ...
Ich hänge das Blatt mit dem Buchstaben und seinem Ankerbild an die Seitentafel (siehe Bild oben).

Varianten zum Aufbau der Buchstabentabelle im übernächsten Kapitel.

Jetzt muss der Buchstabe nur noch geschrieben werden ...
... und am nächsten Tag kommt der nächste Buchstabe. Nach einiger Zeit ist es auch möglich, an einem Tag mehrere Buchstaben einzuführen ...

Sie müssen übrigens keine Bedenken haben, wenn täglich ein neuer Buchstabe „gelernt" wird. Wir befinden uns noch in einer „Trainingsphase", das heißt, die Schüler müssen sich die trainierten Laute/Buchstaben noch nicht wirklich merken. Das Einprägen beginnt erst, wenn die Buchstabentabelle fertig erarbeitet ist.

Und dann gibt es zur Lautschulung noch eine wichtige Frage: Warum muss denn das /pf/ als Laut geübt werden? Sind das nicht zwei Laute oder eine Lautverbindung?

Die Frage ist nicht einfach zu beantworten. Aus phonetischer Sicht kann man sicher lange wissenschaftlich darüber philosophieren ...

Aus phonologischer Sicht sieht es aber anders aus. In vielen Dialekten wird das /pf/ gar nicht gesprochen. Aus einem Apfel wird ein App'l, eine Pfeife kann eine Peip' oder eine Feife sein. Wenn es bei der Phonologie um Bedeutung geht, sei als Beispiel der *Pfeil* im Plural genannt. In einem Dialekt, der das /pf/ als /f/ spricht, kann man – in der gesprochenen Sprache – nicht mehr zwischen *Feile* (viele Pfeile) und *Feile* (eine Feile) unterscheiden. Hierzu ließen sich sicher noch viel mehr Beispiele finden ...

Es erscheint somit sinnvoll, das /pf/ als eigenen Laut zu schulen, und ihn mit der Buchstabenkombination PF zu verbinden.

Schreiberziehung

Für die Erarbeitung der Buchstabentabelle verwende ich zunächst nur Großbuchstaben. Die Kleinbuchstaben werden erst in Modul D eingeführt. Dies hat – zur Vorbeugung von Lese- und Rechtschreibproblemen – drei Vorteile:

1. Ein Laut – ein Schriftzeichen
2. Großbuchstaben sind leichter zu schreiben
3. Visuelle und visuomotorische Probleme werden reduziert

Zu 1:
Wenn Groß- und Kleinbuchstaben gleichzeitig eingeführt werden, müssen sich die Schüler für einen Laut zwei Buchstaben merken. Nur bei den wenigsten Buchstaben sind die Großen und Kleinen identisch (Ww), einige sind sich ähnlich (Ff) und viele sind völlig unterschiedlich (Aa), so dass vom Betrachten her wirklich kein Zusammenhang besteht. Wenn man eine sichere Phonem-Graphem-Korrespondenz erreichen will, ist man nur dann auf dem sicheren Weg, wenn wirklich eine Eins-zu-eins-Zuordnung möglich ist.

Zu 2:
Auch beim Aufschreiben der Buchstaben ist man auf der sicheren Seite, wenn man zuerst nur Großbuchstaben verwendet. Die Großbuchstaben sind vom Bewegungsablauf einfacher. Auch sind sie für Schreibanfänger aufgrund der tatsächlich größeren Größe leichter zu schreiben. Und wenn Fehler bei der Bewegungsrichtung gemacht werden (was zwangsläufig passieren wird, da der Lehrer nicht jedem einzelnen Kind auf die Finger schauen kann), ist dies nicht ganz so schlimm. Werden Kleinbuchstaben aber mit falscher Bewegungsrichtung geschrieben, kann sich dies einprägen und auf die Kleinbuchstaben der Schreibschrift übertragen, wodurch es dann leicht zu massiven Schreibstörungen kommen kann.

Zu 3:
Sowohl beim Lesen als auch beim Schreiben sind einige Kleinbuchstaben für Schulanfänger nur schwierig zu unterscheiden. Ich erinnere an Modul A: Visuelle Wahrnehmung. Wenn man sie vom Visuellen nur schlecht unterscheiden kann, ist die Wahrscheinlich groß, dass sie auch graphomotorisch vertauscht werden. Es kommt zu Spiegelungen, die Buchstaben werden falsch geschrieben, falsch eingeprägt, ...
Wenngleich Spiegelungen für Schreibanfänger „normale" sind, erscheint es sinnvoll, mögliche Probleme zu vermeiden, indem man mit den Kleinbuchstaben wartet, bis

die Schüler eine größere visuelle und graphomotorische Sicherheit erreicht haben. Es werden zwar teilweise auch Großbuchstaben gespiegelt, aber auch das ist „ganz normal".

Zum Spiegeln ein wissenschaftlicher Exkurs zum **visuo-motorischen Priming**:

Im Zusammenhang mit dem Spiegeln von Buchstaben kann man eventuell von „Richtungsapraxie" sprechen. Dabei handelt es sich um „das Unvermögen, die Richtung eines willkürlichen Bewegungsablaufs zu erkennen. Tatsächlich gibt es in der kindlichen Entwicklung natürliche Phasen der Richtungsapraxie: Wenn kleine Kinder zum Beispiel den Wasserhahn öffnen sollen, beherrschen sie oft schon die Form der Bewegung (das Drehen), aber noch nicht die Richtung." Wenn Buchstaben gespiegelt werden, muss es sich aber nicht um eine Richtungsapraxie handeln, es kann sich auch um eine logische Folgerung handeln: Dabei geht es um das „implizite Lernen", bei dem unbewusst aus wiederkehrenden Bewegungsmustern Regeln extrahiert werden. Wenn die meisten Großbuchstaben auf der linken Seite einen vertikalen Strich besitzen und dann nach rechts weitergeschrieben werden (B, D, E, F, K, L, N, P, R), prägt sich dies als Bewegungsmuster ein. „Wir vermuten daher, dass das Erkennen und Schreiben von Großbuchstaben ... zum entstehen einer impliziten Regel beitragen, nach der alle Schriftzeichen nach rechts ausgerichtet sind. Sie würde Kinder dazu veranlassen, die oben genannten Buchstaben korrekt zu schreiben. Dagegen versagt die Regel bei anderen Buchstaben (J, S, Z) ...

Heute wissen wir, dass das Schreibenlernen unbewussten Regeln folgt und dass der zuvor geschriebene Buchstabe durch die Aktivierung dieser Regeln die Ausrichtung des folgenden Buchstabens stark beeinflusst. Die Spiegelschrift fünf- bis sechsjähriger Kinder entspricht damit einer normalen Phase beim Erwerb der Schreibkompetenz und kündigt keineswegs eine Dyslexie an."[3]

Zum Üben der Buchstaben verwende ich Arbeitsblätter, auf denen die Buchstaben möglichst groß abgebildet sind. Ein Punkt zeigt den Beginn der Schreibbewegung an, Pfeile und Ziffern markieren die Bewegungsrichtung. Die Schüler fahren die Buchstaben mit Wachsmalkreiden nach, und zwar so oft, bis „kein Weiß" mehr zu sehen ist. **Hausaufgabe**: Entweder die Buchstaben noch weiter übermalen oder das Arbeitsblatt noch einmal neu ausgeben. Die Buchstaben eventuell auf Schmierpapier in verschiedenen Größen nachschreiben. Damit bei den Hausaufgaben keine unnötigen

3 Fischer, Jean-Paul: Rätsel Spiegelschrift, aus *Gehirn & Geist* 12/2012

Fehler auftreten, mache ich vor der Einführung der Buchstaben einen Elternabend. Siehe Kapitel **Gebrauchsanweisung – Elternarbeit**.

Die von mir angebotenen Buchstaben entsprechen teilweise weder von der Form noch vom Bewegungsablauf her den amtlichen Vorgaben. Änderungen habe ich vorgenommen, um die Buchstaben besser unterscheidbar zu machen. Außerdem erscheint es sinnvoll, Bewegungsabläufe, die man später für die Schreibschrift benötigt, auch schon in der Druckschrift zu benutzen. Es macht nicht wirklich Sinn, sich für identische Buchstaben je nach Schreib- oder Druckversion unterschiedliche Bewegungsabläufe einprägen zu müssen.

Hier meine Vorschläge:

A B C D E F G

H I J K L M N

O P Q R S T U

V W X Y Z

Kopiervorlagen dazu auf CD-Ordner: Modul B ➔ Druckschrift ➔ Druckschrift - groß

Erarbeitung der Buchstabentabelle

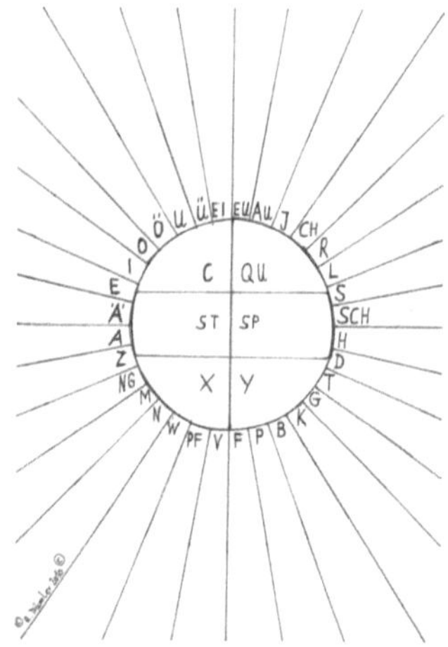

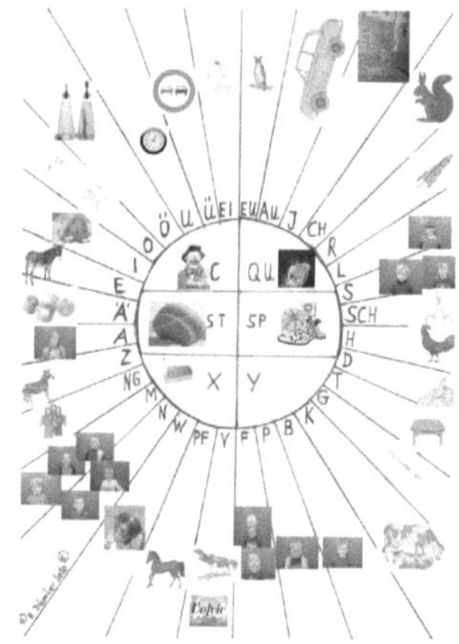

Wie oben beschrieben, wird ein Laut/Buchstabe nach dem anderen gelernt, das heißt, die Buchstabentabelle entsteht Buchstabe für Buchstabe. Jeder neu gelernte Buchstabe muss natürlich irgendwo aushängen, damit ihn die Schüler immer sehen können. Ich selbst habe unterschiedliche Varianten beim Aufbau der Buchstabentabelle verwendet.

Einmal habe ich eine Tabelle an die Seitentafel gemalt und die Buchstaben schon aufgeschrieben (Bild links). Nur die Ankerbilder wurden dann jeweils neu angehängt. Als alle Buchstaben gelernt waren, sah die Buchstabentabelle dann so aus (Bild rechts):

Ein anderes Mal habe ich keine Tabelle vorbereitet, sondern jedes Blatt mit Ankerbild und Buchstabe an die Seitentafel gehängt. (Siehe weiter oben Kapitel **Phonem-Graphem-Korrespondenz.**)

Großbuchstaben – Buchstabengröße

Wenn Sie meine vorbreitete Buchstabentabelle mit derjenigen vergleichen, bei der ich die Bilder nach und nach aufgehängt haben, werden Sie feststellen, dass bei ersterer die Buchstaben recht ordentlich und in einheitlicher Größe aufgeschrieben wurden. Bei den aufgehängten Bildern sind die Buchstaben jedoch in sehr unterschiedlichen Größen geschrieben. Dies ist mir zunächst ganz willkürlich passiert. Ich habe dann aber aus der Not eine Tugend gemacht: Ist es nicht sinnvoll, die Großbuchstaben in unterschiedlichen Größen zu präsentieren? Wenn später die Kleinbuchstaben eingeführt werden, müssen die Schüler nämlich verstehen, dass Groß – oder Kleinbuchstaben nichts mit der tatsächlichen Buchstabengröße zu tun haben.

Jedes A A A ist ein großes A, egal wie groß oder klein es ist, und jedes a, a, a ist ein kleines a, wiederum unabhängig von seiner tatsächlichen Größe ...

Unabhängig von meiner schlampigen Schrift müssen wir den Schülern aber dennoch die oben genannten Zusammenhänge erklären, und ihnen natürlich beibringen, wann man welche Buchstaben benutzt. Das geschieht aber erst in Modul D.

Die fertige Buchstabentabelle

Wenn die Buchstabentabelle komplett ist, fotografiere ich sie, kopiere sie für alle Schüler und verteile einen Elternbrief mit einer Anleitung zum Üben:

Liebe Eltern,

heute gibt´s die Buchstabentabelle.

Bitte in eine Plastikhülle stecken und immer in der Büchertasche lassen, damit sie sowohl zu Hause als auch in der Schule zur Verfügung steht.
In der Schule hängt die Tabelle auch im Großformat an der Wand.

Merkbilder:

M – wie Maximilian
S – wie Sandro
U – wie Uhr, usw.

Wichtige Übung zum Einprägen der Buchstaben:

Hüpfspiel auf der Buchstabentabelle: Würfel und „Männchen", links oben anfangen, würfeln, hüpfen und beim angekommenen Buchstaben sprechen:

Sch wie Schere, etc.
Weiter würfeln, hüpfen und sprechen ...
Das Spiel geht allein, zu Zweit oder Mehreren.

Merke: Beim Aussprechen der Buchstaben nicht buchstabieren sondern lautieren!!!!

Also nicht c-h oder n-g, sondern so, wie es im Wort ausgesprochen wird. Beim QU auch nicht Ku, sondern kw, beim SCH nicht s-c-h, sondern /sch/, ...

Kopiervorlagen dazu auf CD-Ordner: Modul B ➔ Buchstabentabelle ➔ Anleitung (und Beisp. Anleitung)

Natürlich wird jetzt auch im Unterricht täglich das Hüpfspiel (siehe Elternbrief) gespielt, damit die Schüler die Laut-Buchstabenzuordnung lernen. Das Hüpfspiel sollte auch weiter – also beim nächsten Modul – gespielt werden, da es sicher lange dauert, bis sich die Kinder alle Buchstaben merken.

Lautgebärden

Lautgebärden (Handzeichen, die mit gesprochenen Lauten korrespondieren) können als Gedächtnisstütze zum Einprägen der Laute verwendet werden.

„Gebärden unterstreichen das Gesagte und transportieren die Botschaft effektiver zum Adressaten – und sie helfen dem Sprachgedächtnis auf die Sprünge, wie Untersuchungen gezeigt haben. Das entspricht der These des „Embodiments", der zufolge Intelligenz einen Körper benötigt. Michael Tomasello[4] hält Gesten für den Ursprung der Lautsprache.[5]

Lautgebärden sind Zeichen für die gesprochene Sprache. Es fehlen somit Zeichen für manche Buchstaben, weil diese keinen eigenen Laut repräsentieren. Andererseits gibt es Zeichen, die nicht im Alphabet vorkommen, die aber eine lautliche Einheit darstellen. Es gibt auch Zeichen, die man wahrscheinlich nie oder nur selten braucht, wie z. B. ein Zeichen für das V. Dieses wird nämlich entweder als /f/ oder als /w/ gesprochen. Auch das Zeichen für das Z wird man kaum brauchen, da es keinen Laut sondern nur einen Buchstaben darstellt. Dennoch nehme ich die beiden letztgenannten Lautgebärden mit in die Liste auf, weil sie eventuell das Lernen der Buchstaben mit unterstützen können.

Wie verwendet man die Lautgebärden nun konkret?

Prinzipiell könnte man bei der Erarbeitung der Buchstabentabelle bei jeder Lautschulung auch die entsprechende Lautgebärde dazu verwenden. Man könnte auch zu jedem Ankerbild und dem entsprechenden Buchstaben ein Bild der Lautgebärde mit abbilden. Man könnte auch unabhängig von der Buchstabentabelle Bilder von Lautgebärden aufhängen. Früher – als ich noch Diagnose- und Förderklassen unterrichtet habe – hatte ich die Bilder aller Lautgebärden aufgehängt. Jetzt benutze ich Lautgebärden nur noch im Einzelfall, zum Beispiel bei Lauten, die vom Mundbild her schlecht zu erkennen sind (/ch/). Oder bei Lauten, die schwierig zu unterscheiden sind. Unsere fränkischen Kinder haben zum Beispiel oft Schwierigkeiten, *dem* und *den* zu unterscheiden, weil es bei uns im Dialekt keinen Dativ gibt. Da kann es dann hilfreich sein, beim Aussprechen von *dem* die Lautgebärde für das **m** anzuzeigen oder bei *den* die Lautgebärde für das **n**. Auch wenn einzelne Schüler noch Ausspracheprobleme haben, kann man ihnen mit Lautgebärden weiter helfen.

---

4 Direktor am Max-Planck-Institut für evolutionäre Anthropologie in Leipzig

5 Leßmöllmann, A.: Die Gabe der Sprache, in *Gehirn & Geist* 11/2012

Erklärungen und Bilder zu den Lautgebärden[6] siehe
Kopiervorlagen auf CD-Ordner: Modul B ➔ Lautgebärden
Lernzielkontrolle nach Modul B

Bevor man nun anfängt, den Kindern das Aufschreiben von Wörtern beizubringen, könnte es sinnvoll sein, zu prüfen:

1. Können die Schüler laute unterscheiden? (phonematische Differenzierung)
2. Können die Schüler Laute richtig wahrnehmen? (Laute identifizieren)
3. Können die Schüler Buchstaben und Laute verknüpfen? (Phonem-Graphem-Zuordnung)

Mir ist bewusst, dass dies in einer regulären Schulklasse kaum möglich ist, da nicht die Zeit für solch eine Überprüfung zu Verfügung steht. Dennoch möchte ich das Arbeitsblatt zumindest anbieten. Durchführung:

1. Die Lehrkraft liest jeweils zwei Wörter vor, das Kind muss entscheiden, ob es identische oder unterschiedliche Wörter gehört hat.
2. Die Lehrkraft fragt: Hörst du O bei/in Oma? Das Kind entscheidet mit ja oder nein, usw.
3. Das Kind muss die Buchstaben richtig „vorlesen".

Kopiervorlage dazu auf CD-Ordner: Modul B ➔ LZK

... und nicht vergessen:

Weiterarbeit an Modul A

6 Texte und Fotos zu den Lautgebärden von R. Dümler, Erstveröffentlichung in: Dümler, R., und Jäcklein, M.: Ich sag doch Lollmops, Kösel Verlag 2005

Modul C
Aufschreiben von Wörtern

Beim Aufschreiben von Wörtern müssen diese analysiert werden. Die Schüler müssen die einzelnen Laute im Wort heraushören, in der richtigen Reihenfolge erkennen, den Lauten mit Hilfe der Buchstabentabelle die entsprechenden Buchstaben zuordnen und das Wort aufschreiben. Durch die vorangegangene Lautschulung gelingt die Analyse vielen Kindern schon recht gut, auch die Zuordnung, an welcher Stelle ein Laut zu hören ist, klappt oft schon sicher.

1. Lautgetreue Wörter

Wir beginnen mit dem Aufschreiben von lautgetreuen Wörtern, damit wir eine exakte Phonem – Graphem – Zuordnung haben. Gemeint ist damit die Zuordnung des gesprochenen oder gehörten Lautes zum gelesenen oder geschriebenen Buchstaben. Achtung bei der Auswahl der aufzuschreibenden Wörter: Es gibt nicht wirklich viele lautgetreue Wörter.

Beispiele:

Wenn ich das LAMA aufschreiben will und die Analyse durchführe, dann höre ich bei der Aussprache tatsächlich L –A – M – A und kann mir aus der Buchstabentabelle die entsprechenden Buchstaben suchen.

Will ich NASE aufschreiben funktioniert das vermeintlich genauso gut. Aber: Das E am Ende von NASE klingt nicht wirklich wie ein E, sondern wie ein Ä. Das Kind hört beim Analysieren also nicht E wie Esel, sondern Ä wie Äpfel. Die NASE gehört also in den zweiten Abschnitt (phonologische Regelhaftigkeiten). Noch komplizierter wird es, wenn wir eine ENTE analysieren wollen. Bei diesem ebenfalls vermeintlich lautgetreuen Wort klingt das E am Anfang anders als das am Ende und keines von beiden klingt wie ein E. Sie klingen beide wie ein Ä, noch dazu in unterschiedlichen lautlichen Varianten.

Zum Aufschreiben von Wörtern hängt die Buchstabentabelle im Großformat an der Wand, die Schüler haben sie zusätzlich auf dem Tisch liegen. Die ersten Wörter lasse ich spontan von den Kindern auswählen, dann werden Arbeitsblätter benutzt.

Wir beginnen mit einem einfachen Wort: OMA

- ein Kind spricht das Wort
- alle Kinder sprechen das Wort deutlich aus
- wir ziehen das Wort lang: OOOOOMMMMAAAA
- wir zerhacken das Wort (Robotersprache): O – M – A
- wir zerhacken es noch einmal und zählen dabei die Buchstaben mit
- ich frage: Womit fängt OMA an? Schüler: mit O
- Blick auf die Buchstabentabelle: O wie Oma (oder entsprechend anderem Ankerbild), ich schreibe den Buchstaben an die Tafel
- ich frage: was hört man dann? Schüler: M
- Blick auf die Buchstabentabelle: M wie ...(je nach verwendetem Ankerbild), ich schreibe den Buchstaben an die Tafel
- Ich frage: was hört man dann? Schüler: A
- Blick auf die Buchstabentabelle: A wie ... (je nach verwendetem Ankerbild), ich schreibe den Buchstaben an die Tafel
- Die Schüler dürfen das Wort aufschreiben

Arbeitsblätter dazu auf CD-Ordner: Modul C ➔ Lautgetreue Wörter

Tipp für Differenzierung oder für Eltern

Manchmal haben die Kinder noch Probleme, alle Buchstaben aus den Wörtern herauszuhören. Das ist ganz normal! Man kann ihnen aber dabei weiterhelfen:

Ein Erwachsener schreibt ein Wort auf Papier (einfache Wörter benutzen, die so geschrieben werden, wie man sie spricht!) und zerschneidet es dann in die Einzelbuchstaben.

K	A	M	E	L

Die Buchstaben werden dem Kind durcheinander vorgelegt.

M	L	A	K	E

1. Übung: Die einzelnen Buchstaben benennen, also

- M wie Marco
- L wie Lilly
- A wie Anja
- K wie Kuh
- E wie Esel

2. Übung: Das Kind soll die Buchstaben in der richtigen Reihenfolge ordnen, der Erwachsene hilft eventuell durch deutliches Vorsprechen.

Wenn man die Schnipsel aufhebt, kann man immer wieder damit üben.

Für den **Tipp** gibt es eine **Kopiervorlage** für die Eltern auf CD-Ordner: Modul C ➔ Tipp

2. Phonologische Regeln

Beim Aufschreiben von Wörtern müssen sich die Schüler bewusst werden, dass nicht alle „Buchstaben“ so geschrieben werden, wie man sie hört. Dies ist auch vielen Erwachsenen nicht in allen Fällen klar (siehe obige Beispiele „Nase, Ente“). Deswegen erscheint es an dieser Stelle notwendig, zunächst etwas über phonologische Regeln zu berichten. Diese Regeln kann man gut verstehen, wenn man die „auditiven Fallen“ erkennt, über die Michael Kalmár referiert hat:

Auslautverhärtung (b, d, g verlieren im Auslaut die Stimmhaftigkeit: *Bub - Bup, Hund - Hunt, Burg – Burk/Burch*)

Aussprache des **r** (r wird nur am Wort- oder Silbenanfang konsonantisch gesprochen, ansonsten wird es meist vokalisiert: *Kurt – Kuat, Uhr – Ua, ...*)

Aussprache des **g im Auslaut** nach hellem Vokal (*König* wir *Könich* gesprochen)

1. Verlust der Stimmhaftigkeit in Konsonantenclustern (Mädchen wird Mätchen gesprochen)
2. Vielfalt der Vokale (e in dem, Idee, gehe, jedoch, Dessert, Mädchen, nähen, Weste-Gäste, Mantel)
3. Silbische Konsonanten am Wortende (Semmel, Haken, großem – das e wird nicht gesprochen)

4. Mehrdeutige Phonem-Graphem –Zuordnungen (e-ä, f-v)
5. Positionsregeln für das h (ich gehe, gesprochen ich ge`e, das sogenannte Dehnungs-h wird nicht gesprochen, ...)
6. Sprechsilben versus Worttrennung nach Rechtschreibregeln

(Beispiele nach Michael Kalmár – außer Beispiel 3 von Reinhard Dümler)

Wenn sich die Schüler klar werden, dass man nicht alles schreiben kann, wie man es hört, erlangen sie eine hohe schriftsprachliche Kompetenz, denn sie lernen, dass Regeln zu beachten sind, die man nicht selbst wissen kann, sondern sich merken muss.

Man muss den Schülern diese Regeln nicht systematisch beibringen, es genügt, sie im Einzelfall zu besprechen. Das Aufschreiben von Wörtern, die nicht lautgetreu sind, kommt erst an zweiter Stelle, um es den Schülern etwas einfacher zu machen und sie nicht gleich zu verwirren. Im Einzelfall dürfen aber auch schon beim ersten Aufschreiben Wörter benutzt werden, bei denen phonologische Regeln zu beachten sind. Nämlich dann, wenn sich die Kinder selbst Wörter zum Aufschreiben aussuchen ...

Nehmen wir an, ein Schüler wünscht sich, gleich in der Anfangsphase, das Wort HUND aufzuschreiben:

- ein Kind spricht das Wort
- alle Kinder sprechen das Wort deutlich aus
- wir ziehen das Wort lang: HHHHUUUUNNNNT
- wir zerhacken das Wort (Robotersprache): H –U –N –T
- wir zerhacken es noch einmal und zählen dabei die Buchstaben mit
- ich frage: Womit fängt HUND an? Schüler: mit H
- Blick auf die Buchstabentabelle: H wie Hase (oder entsprechend anderem Ankerbild), ich schreibe den Buchstaben an die Tafel
- ich frage: was hört man dann? Schüler: U
- Blick auf die Buchstabentabelle: U wie ... (je nach verwendetem Ankerbild), ich schreibe den Buchstaben an die Tafel
- ich frage: was hört man dann? Schüler: N
- Blick auf die Buchstabentabelle: N wie ... (je nach verwendetem Ankerbild), ich schreibe den Buchstaben an die Tafel
- ich frage: was hört man dann? Schüler: T
- Blick auf die Buchstabentabelle: T wie ... (je nach verwendetem Ankerbild)
-

- **ich erkläre: ja wir hören ein T wie Tisch, aber wir dürfen es nicht schreiben; wir müssen ein D wie Daumen schreiben; manchmal darf man nicht das schreiben was man hört ... da gibt es Regeln ... die müsst ihr aber noch nicht merken ... ich erklär euch das später noch öfter ...**
- ich schreibe den Buchstaben an die Tafel
- die Schüler dürfen das Wort aufschreiben

Arbeitsblätter dazu auf CD-Ordner: Modul C ➔ Phonologische Regeln

3. Orthographische Regeln

Wie oben schon erwähnt, müssen die Schüler lernen, dass man die meisten Wörter nicht schreiben darf, wie man sie hört. Noch komplizierter wird das Aufschreiben, wenn Rechtschreibregeln ins Spiel kommen. Bitte erklären Sie den Schulanfängern keine Regeln, die meisten Regeln werden nämlich nicht wirklich angewandt. Wenn Schulanfänger sich Regeln merken, steigt die Fehlerquote enorm, da eben viele Wörter nicht Regelkonform geschrieben werden. Hierzu ein Beispiel, das sich sowohl auf phonologische Regeln als auch auf orthographische Regeln bezieht. Ich muss für dieses Beispiel etwas außen herum reden, damit der Leser nicht gleich aus versehen alles richtig macht:

In Polen gibt es eine Stadt, die heißt Wrocław. Früher gehörte diese Stadt zu Deutschland und zwar zu Schlesien. Den Namen dieser Stadt werden Schulkinder weder auf Deutsch noch auf Polnisch aufschreiben müssen, aber in sehr vielen Städten gibt es noch Straßennamen, die sich auf diese Stadt beziehen. Also ... der erste Buchstabe der Stadt ist ein B ... am Ende kommt lau ...

Sie kennen die Stadt? Also, dann schreiben wir sie mal auf, und zwar so, wie wir sie hören und sprechen:

B – R – Ä – S – L – AU

Um den orthographischen Regeln gerecht zu werden, müssen wir jetzt aber zwei s schreiben, denn einerseits handelt es sich um ein stimmloses s, das man auch als ß verschriften könnte. Wir müssen aber noch bedenken, dass das ä kurz gesprochen wird, also muss nach der Neuen Rechtschreibung statt ß jetzt ss geschrieben werden. Jetzt haben wir die Stadt: Brässlau...? Nein: Breslau!

Verzeihen sie mir diesen Quatsch, es war ein spontaner Einfall, um zu belegen, dass für Lese- und Schreibanfänger Regeln keinen Sinn machen.

Werden wir noch konkreter, durch Beispiele aus Arbeitsmaterialien. Sie beziehen sich auf phonologische und auf orthographische Regeln. Ich wähle einige Bilder aus einem Arbeitsblatt: Mond, Haus, Löwe, Säge, Zauberer, Eskimo, Uhr.
Überlegen Sie vielleicht selbst zunächst, wie Schüler jetzt (nach etwa 10 Schulwochen) diese Wörter aufschreiben würden.

Mond – MONT (Auslautverhärtung)
Haus –HAUS
Löwe – LÖBE (vielleicht nur bei uns in Franken ...)
Säge – SÄGE
Zauberer – ZAUBARA (das ***e*** nach dem ***b*** ist nicht als ***e*** zu identifizieren, das ***er*** am Ende wird heutzutage meist als ***a*** ausgesprochen)
Eskimo – ÄSKIMO (man spricht ja wirklich kein ***e***, sondern ein ***ä***)
Uhr – UA (vom sogenannten Dehnungs-h, das ja auch nicht wirklich Sinn macht, wissen die Kinder nichts, das ***r*** wird vokalisiert)

Zum sogenannten Dehnungs-h und langem ie und überhaupt zur Vokallänge noch einige Beispiele. Vergleichen Sie mal die Aussprache und Schreibung einiger Wörter:

Sohn - schon
nun - Huhn
kühl - schwül
malen - mahlen
Lied - Lid
Stiel - Stil
Miene – Mine
Biene - Bibel
mir - Bier
dir - Tier
wir - vier
man - dann
Tom - komm

Papa - Pappe
Mama - Manna
nach - nach

Sie verstehen das letzte Beispiel nicht? Ist Ihnen noch nicht aufgefallen, dass dieses kleine Wörtchen nicht nur zwei Bedeutungen, sondern auch zwei Aussprachevarianten hat?

Nach der Schule gehe ich nach Hause. Das erste nach wird mit langem, das zweite mit kurzem a gesprochen. Zum Glück scheint das noch kein Schulbuchautor bemerkt zu haben, sonst würde auch hierzu eine Übungsseite im Buch auftauchen, um die Schüler vollends durcheinander zu machen. Bisher scheinen sie nämlich das Wörtchen nach immer gedankenlos richtig zu schreiben.

Wie gehe ich also mit den Rechtschreibregeln um, wenn die Kinder Wörter aufschreiben sollen oder eventuell selbst schon aufgeschrieben haben?

Beginnen wir mit dem Eskimo, der ja kein orthographisches, sondern ein phonologisches Problem mit sich bringt: Schreibt (oder spricht) das Kind ÄSKIMO, sage ich: Ja, du hast alles richtig gemacht, man hört wirklich ein Ä, aber wir müssen ein E schreiben ...

Wir wollen gemeinsam das Wort Uhr aufschreiben. Ein Kind spricht UA, ich sage: Das ist jetzt ganz kompliziert. Die Uhr schreibt man ganz anders als man sie hört. Ich sag euch mal vor, wie man die Uhr genau ausspricht: UUUURRR. Und dann wird es nämlich noch komplizierter. Da muss noch ein Buchstabe hinein, den man gar nicht hört, nämlich ein H. Und weil es so kompliziert ist, schreibe ich euch das Wort auf...

Und wenn jemand eine Kuh aufschreiben will, muss man ihm erklären, dass da ein Buchstabe drangehängt werden muss, den man gar nicht hören kann ...
Und wenn eine den Otto aufschreiben will, muss man ihm sagen, dass man den eben mit zwei t schreiben muss ...

Und bei all diesen Erklärungen erscheint es mir wichtig, den Schulanfängern immer zu sagen, dass sie sich das noch nicht merken müssen: Das lernen wir alles später noch genauer ...

Und für alles Richtige müssen die Kinder gelobt werden. Und auch für Fehler müssen sie gelobt werden, denn die Fehler bieten eine Chance, vieles noch einmal zu erklären ...

Für den 3. Teil von Modul C gibt es keine Arbeitsblätter, denn man kann jetzt ja schreiben, was man will.

Parallel:
Schreiberziehung

Die Großbuchstaben werden weiter geübt, jetzt vor allem in einem Schreiblernheft, damit sich die Schüler an Zeilen gewöhnen.

Graphomotorische Übungen zur Vorbereitung der Kleinbuchstaben

Zur Vorbereitung auf das Schreiben der Kleinbuchstaben mache ich (fast) täglich graphomotorische Übungen. Hierzu gibt es von mir keine Arbeitsblätter, da es von anderen „Anbietern" derartiges Material zuhauf gibt. Ich benutze und empfehle:
Zirkus Konfetti
Marion Löhr
www.maloehr.de

Übergang zu Modul D

Bevor es mit Modul D weitergeht, sollte sichergestellt sein, dass alle Schüler das Aufschreiben von Wörtern zumindest prinzipiell verstanden haben. Wenn dabei noch Fehler entstehen, ist dies kein Problem, aber sie müssen das Prinzip verstanden haben.

Auch sollten sie einfache Wörter schon lesen können. Es empfiehlt sich daher, vor dem Wechsel zu Modul D eine **Lernzielkontrolle** durchzuführen.

Kopiervorlage dazu auf CD-Ordner: Modul C → LZK

Modul D
Einführung der Kleinbuchstaben

1. Ergänzung der Buchstabentabelle

Auf der großen Buchstabentabelle stehen jetzt auch die Kleinbuchstaben, irgendein Kind bemerkt es.

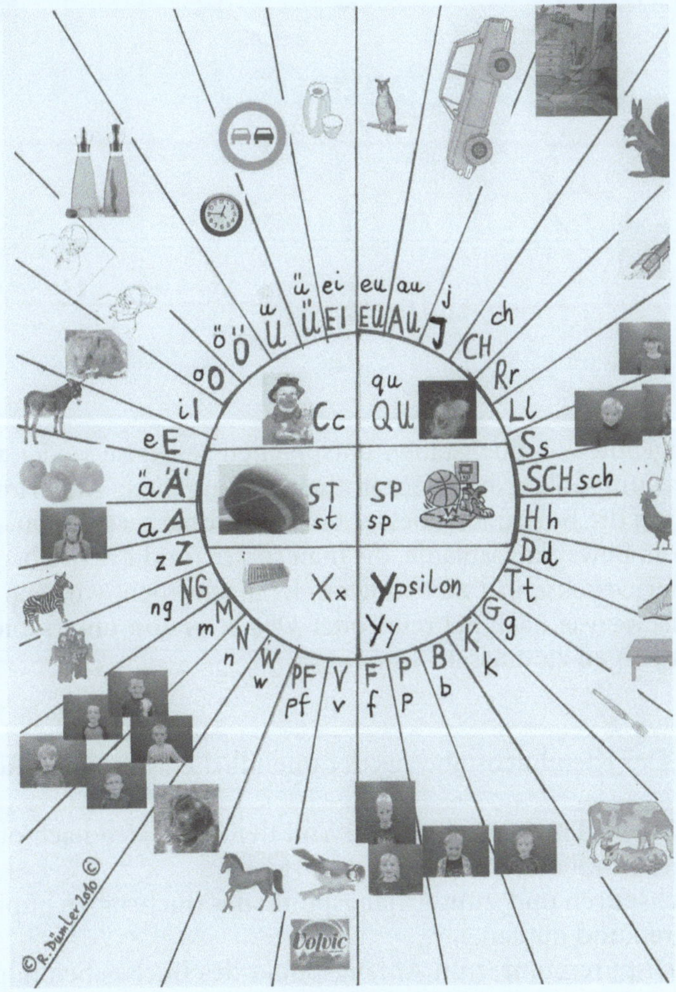

Wir sprechen darüber: Das sind die ***Kleinen Buchstaben*** ...

Ich schreibe an die Tafel und erkläre:

„Jedes A A A ist ein großes A, egal wie groß oder klein es ist, und jedes a, a, a ist ein kleines a, wiederum unabhängig von seiner tatsächlichen Größe ...“

2. Schreiberziehung: Kleinbuchstaben aus liegender 8

A B C D E F G H I J K
L M N O P Qu R S T U V
W X Y Z Ä Ö Ü
a b c d e f g h i j k
l m n o p qu r s t u v
w x y z ß ä ö ü

Die von mir angebotenen Buchstaben entsprechen teilweise weder von der Form noch vom Bewegungsablauf her den amtlichen Vorgaben. Änderungen habe ich vorgenommen, um die Buchstaben besser unterscheidbar zu machen. Außerdem erscheint es sinnvoll, Bewegungsabläufe, die man später für die Schreibschrift benötigt, auch schon in der Druckschrift zu benutzen. Es macht nicht wirklich Sinn, sich für identische Buchstaben je nach Schreib- oder Druckversion unterschiedliche Bewegungsabläufe einprägen zu müssen.

1. Arbeitsblatt: Der Kleinbuchstabe aus der unendlichen/liegenden Acht:

- Die Acht mit dem Finger nachspuren: Von der Mitte weg nach oben, dann mit Tempo immer rundherum ...
- Die Acht nachspuren und zum Anfangspunkt des Buchstaben hüpfen, dann wieder nachspuren und hüpfen, ...
- Die Acht nachspuren und zum Anfangspunkt des Buchstaben hüpfen, jetzt den Buchstaben nachspuren
- Oft wiederholen

- Jetzt das Ganze von vorn, aber mit Wachsmalkreiden
- Und wiederholen, ...

Arbeitsblätter dazu auf CD-Ordner: Modul D ➔ Druckschrift ➔ Druckschrift 8

2. Arbeitsblatt: Buchstaben in Schreibzeilen: Vorlage mit Bleistift oder Farbstift nachspuren, dann selbst schreiben, wieder nachspuren, dann selbst, ...
Beim Üben auf Arbeitsblatt oder im Heft immer Groß-Klein gemeinsam üben, damit sich die Verbindung visuomotorisch einprägt!

Arbeitsblätter dazu auf CD-Ordner: Modul D ➔ Druckschrift ➔ Zeilen

P.S. Die Kopiervorlagen für die Buchstaben wurden bewusst nicht „gedruckt", sondern handschriftlich erarbeitet, damit die Kinder realistische Vorlagen haben, die sie auch problemlos umsetzen können.
Die fertige Buchstabentabelle: Wenn alle Buchstaben trainiert sind, fotografiere ich die fertige Tabelle wieder und kopiere sie für alle Schüler.

3. Zuordnung Groß- Kleinbuchstaben

Wenn alle Kleinbuchstaben trainiert sind, erhalten die Schüler die neue Buchstabentabelle. Ich mache ein Foto und kopiere die Tabelle. Auch auf der neuen Tabelle sollten sowohl im Unterricht als auch zu Hause wieder Hüpfspiele gemacht werden. Würfeln, hüpfen und den Buchstaben benennen.

Da sich einige Buchstaben in den Varianten groß – klein doch deutlich unterscheiden, sollte die Zuordnung groß – klein öfter trainiert werden.

Arbeitsblätter dazu auf CD-Ordner: Modul D ➔ Druckschrift ➔ groß – klein

4. Regeln der Groß- Kleinschreibung

Wenn jetzt Wörter aufgeschrieben werden, müssen die Regeln für die Groß – Kleinschreibung beachtet werden. Es geht aber noch nicht um Rechtschreibregeln! Man kann erklären, dass Namenwörter einen großen Anfangsbuchstaben brauchen. Wenn man Wörter gemeinsam analysiert und aufschreibt, müssen die Regeln natürlich beachtet und immer wieder erklärt werden. Wenn die Kinder ihre Wörter selbst aufschreiben, dürfen die Regeln gerne noch missachtet werden.

Weiterarbeit an Modul C

Während die Schüler die Kleinbuchstaben lernen, muss immer weiter am Analysieren (Aufschreiben) der Wörter gearbeitet werden.

Man kann jetzt beliebige Wörter aufschreiben lassen oder aber die Arbeitsblätter von Modul C noch einmal verwenden, und zwar als

- Gruppenarbeit
- Partnerarbeit
- oder jeder für sich alleine

Um den Schülern die Arbeit etwas zu erleichtern, kann man Arbeitsblätter verwenden, bei denen die Buchstaben in falscher Reihenfolge vorgegeben sind. Die Schüler wissen, welche Buchstaben benötigt werden und müssen sie nur in die richtige Reihenfolge bringen. Beispiel:

T	AU	O

Wenn genügend Zeit vorhanden ist, kann man auch Arbeitsblätter verwenden, bei denen die Buchstaben ausgeschnitten, geordnet und aufgeklebt werden.

Arbeitsblätter dazu auf CD-Ordner: Modul D ➔ Bilder und Buchstaben

Weiterarbeit an Modul A

E

Modul E
Lesen & Schreiben

Am Ende von Modul D muss sichergestellt sein, dass die Kinder zumindest prinzipiell lesen können. In Modul E wird jetzt viel geübt: Lesen und Schreiben, Wörter und Sätze aufschreiben.

Lesen in der Fibel

Da die Kinder mit Hilfe der Buchstabentabelle gelernt haben, Laute und Buchstaben zuzuordnen, ist die Verwendung eines Fibellehrgangs nicht mehr nötig. Ich lasse meine Schüler aber trotzdem in der Fibel lesen, und zwar im Schnelldurchlauf. Dies ist ein zusätzliches Lesetraining und die Kinder haben viel Freude, denn sie können ja lesen und das Lesen in der Fibel geht ganz flott vorwärts. Wir „lernen" täglich einen Buchstaben, beziehungsweise lesen die dazugehörigen Seiten.

Schreiberziehung

Da Schreibbewegungen immer weiter trainiert werden sollten, werden die Buchstaben, die gerade in der Fibel gelesen werden, noch einmal geübt. In der Schule und/oder als Hausaufgabe!

Training des Satzbewusstseins / Regeln der Groß- Kleinschreibung

Satzbewusstseins und die Regeln von Groß- Kleinschreibung können geplant geübt werden, aber auch einmal ganz spontan passieren.
Geplant: Siehe nächstes Kapitel
Spontan: Wir sprechen im Unterricht über Monatsnamen und ich frage die Kinder: In welchem Monat habt ihr denn Geburtstag? Viele können den Monat angeben, einige nicht. Ich entscheide mich spontan für eine „Hausaufgabe": Wir schreiben den Eltern einen Brief und die Eltern müssen den Monat hineinschreiben ...
Auf dem Brief soll stehen: *In welchem Monat habe ich Geburtstag*?
Ich spreche den Satz vor, die Kinder sprechen ihn nach ...

Ich erkläre: Wenn man etwas aufschreibt braucht man viele Wörter - und viele Wörter zusammen nennt man *einen Satz*.

Ich sage, dass wir jetzt zählen wollen, wie viele Wörter in diesem Satz stecken ...
Wir sprechen den Satz noch einmal gemeinsam und zählen mit den Fingern mit:

In	welchem	Monat	habe	ich	Geburtstag
1	2	3	4	5	6

Die Kinder dürfen jetzt die einzelnen Wörter buchstabieren, ich schreibe sie an die Tafel und erkläre dabei die Regeln für große und kleine Buchstaben. Beim Buchstabieren von *Geburtstag* gibt es (zum Glück) ein Problem: Der Schüler buchstabiert: Geburztag. Solche „Fehler" sind hilfreich, denn man kann den Schülern erklären, dass man nicht alles schreiben darf, wie man es hört und, wenn man will, kann man noch viel mehr dazu erklären ...

Und wenn man den Eltern eine Frage stellt, muss man noch etwas hinten hin schreiben und einer weiß tatsächlich: „Ein Fragezeigen, das ist wie ein gespiegeltes S mit einem Punkt". Prima!

Die Kinder schreiben den Satz auf ein Blatt und die Eltern müssen die Frage schriftlich beantworten.

Aufschreiben von Wörtern und Sätzen

Wörter und Sätze kann man spontan aufschreiben. Die Lehrkraft benötigt wohl kaum große Ratschläge, um Ideen zum Aufschreiben zu erhalten.

Ich selbst lasse vieles spontan aufschreiben, benutze aber auch ein Buch, das eigentlich zur Förderung der Grammatik entwickelt wurden:
Giselher Gollwitz: Bildermix zum Sprechenleren

Das Buch ist zur Behandlung von Dysgrammatismus entwickelt. Es eignet sich aber hervorragend zum Aufschreiben von Sätzen. Zuerst können die Schüler die Sätze in allen Variationen sprechen und dann aufschreiben.

Der *Bildermix* besteht aus 14 Großbildern, die jeweils aus 3 Teilbildern (Person, Fahrzeug, Ort) zusammengesetzt sind. Durch das umblättern der Bilder sind insgesamt 2744 verschiedene Bildkombinationen möglich, so dass man unendlich viel erzählen und aufschreiben kann. Wenn man zunächst immer nur die Personen wechselt, wird das Aufschreiben deutlich erleichtert und es entwickelt sich auch schon ein gewisses Rechtschreib-Bewusstsein. Beim zweiten Schritt bleibt es bei einer Person, die dann immer ihr Fahrzeug wechselt. Fügt man dann auch noch die Orte dazu, können große Geschichten aufgeschrieben werden und es entstehen beim umblättern auch ganz lustige Geschichten: „Die Oma fährt mit dem Roller auf den Mond." Die Kinder haben ein riesige Freude, diese Geschichten zu erzählen und aufzuschreiben.

Da ich nicht weiß, ob der *Bildermix* noch im Handel verfügbar ist, erscheint es mir eher unwahrscheinlich, dass Lehrkräfte den *Bildermix* noch verwenden können. Ich habe deshalb in Anlehnung an den *Bildermix* die ***Quatschgeschichten*** entwickelt. Mit den **1200 Bildern** kann man unendlich viele Geschichten aufschreiben. Es ist natürlich nicht sinnvoll, alle Geschichten aufzuschreiben. Man kann die Bilder durchsuchen, dazu erzählen und Geschichten nach Wunsch aufschreiben.

Teil 1

Konzept:	
Ein Tier	befindet sich irgendwo.

Beispiele:	
Der Hund	ist im Garten.
Der Hund	liegt im Garten.
Der Hund	schläft im Garten.
usw.	mit anderen „Tunwörtern"

Teil 2

Konzept:	
Ein Tier	frisst etwas.

Beispiele:	
Der Hund	frisst einen Apfel.
Der Hund	kaut einen Apfel.
Der Hund	riecht einen Apfel.
usw.	mit anderen „Tunwörtern“

Teil 3

Konzept:		
Ein Tier	befindet sich irgendwo	und frisst etwas.

Beispiele:		
Der Hund	ist im Garten	und frisst einen Apfel.
Der Hund	steht im Garten	und kaut einen Apfel.
Der Hund	schläft im Garten	und frisst keinen Apfel.

Der Hund	rennt im Garten	und wirft den Apfel.
Der Hund	schläft im Garten	und träumt von einem Apfel.
usw.	mit anderen „Tunwörtern“	mit anderen „Tunwörtern“

Bilder dazu als PowerPoint auf CD-Ordner: Modul E ➔ Quatschgeschichten

Absolut geniale Medien zum Aufschreiben von Wörtern sind **Kreuzworträtsel**. Da nach dem Aufschreiben von einigen Wörtern schon viele Buchstaben für andere Wörter zur Verfügung stehen, wird das Finden der Wörter und das richtige Schreiben immer einfacher. Es ist allerdings relativ schwierig, gute Kreuzworträtsel für Schreibanfänger zu finden ...

Lernzielkontrollen zum Lesen

Während die Schüler mit Modul E beschäftigt sind, führe ich einige Lernzielkontrollen durch, um den Stand der Lesefähigkeit einschätzen zu können.

Arbeitsblätter dazu auf CD-Ordner: Modul E ➔ Leseprüfung

F

Modul F
Lesefertigkeit steigern

Zur Steigerung der Lesefertigkeit halte ich mich an mein Prinzip der Ökonomie: Das heißt, ich verzichte darauf, mir selbst etwas erarbeiten zu müssen.

Um die Lesefertigkeit meiner Kinder zu steigern verwende ich:

Andreas Mayer
Blitzschnelle Worterkennung
(BliWo)

BORGMANN MEDIA, Dortmund 2009

Das „Buch" ist nicht gebunden, sondern als Ordner veröffentlicht. Somit sind die Kopiervorlagen sehr praktikabel zu verwenden. Außerdem ist eine CD angehängt, auf der die Arbeitsblätter als PDF-Datei gespeichert sind. Zusätzlich kann man die zu übenden Wörter als PowerPoint präsentieren, wodurch ein sehr effizientes Lesetraining entsteht, das den Kindern auch viel Spaß macht.

Weiterarbeit an Modul E

G

Modul G
Lesefähigkeit steigern

Geschichten in der Fibel etc. lesen

In Fibeln oder anderen Büchern stehen kleine Geschichten. Diese werden zur Förderung des Leseverständnisses gelesen. Manchmal lese ich eine Geschichte vor, meistens müssen die Kinder die Geschichte selbst lesen und sich erst einmal Wörter markieren, die sie nicht verstehen. Markierte Wörter werden vorgelesen, die anderen Kinder versuchen, die Begriffe zu erklären. Wenn es die Kinder nicht schaffen, erklärt der Lehrer.

Dann versuchen die Kinder, den Inhalt der Geschichte zu erklären, eventuell werden Bilder dazu gemalt.

Wenn Zeit ist, dürfen die Kinder die Geschichte vorlesen. Und obwohl es jetzt um das Leseverständnis geht und nicht um das reine Vorlesen, sollen die Texte als Hausaufgabe geübt werden. Am nächsten Tag darf die Hausaufgabe vorgelesen werden.

Lese-Verständnis-Training

Auf PowerPoint präsentiere ich den Kinder immer drei Sätze, von denen nur einer sinnvoll ist.

Beispiel:

Meinem Hund schmecken Kartoffeln nicht.
Meinem Hals schmecken Kartoffeln nicht.
Meinem Hut schmecken Kartoffeln nicht.

Die Kinder müssen beim Lesen entscheiden, welcher der richtige Satz ist.

Ablauf:

Ein Kind liest den 1. Satz vor,
ein Kind liest den 2. Satz vor,
ein Kind liest den 3. Satz vor,
das nächste Kind muss entscheiden, welches der richtige Satz ist.

Oder im Schnelldurchgang, wenn die Sätze schon einige Male geübt waren:

Alle drei Sätze werden zusammen präsentiert, die Kinder müssen im Schnell-Lese-Tempo entscheiden, welcher Satz richtig ist. Sie sagen dann „oben – Mitte – unten".

Später gibt es die Sätze auch auf Papier. Man kann sie für weiteres Training benutzen oder für Lese-Verständnis-Prüfungen.

Powerpoint dazu auf CD-Ordner: Modul G ➔ PowerPoint
Arbeitsblätter dazu auf CD-Ordner: Modul G ➔ AB

Tipp:

Je nach Leistungsstand der Schüler und je nachdem, wie viel Zeit man noch in der ersten Klasse hat, kann man mit dem Lese-Verständnis-Training zum Ende der ersten Klasse anfangen oder aber erst in der zweiten Klasse.

Weiterarbeit an Modul E und F

Modul H
Einführung der *Vereinfachten Ausgangsschrift* (VA)

Vorbemerkung

Bereits in der Einleitung habe ich auf die inkonsequente VA hingewiesen. In mehreren Veröffentlichungen und Vorträgen habe ich die „heutige“ VA und die mangelhafte Schreiberziehung kritisiert.

Ich zitiere aus meinem Irrwege-Buch:

Irrweg: Die Qual mit der Schreibschrift

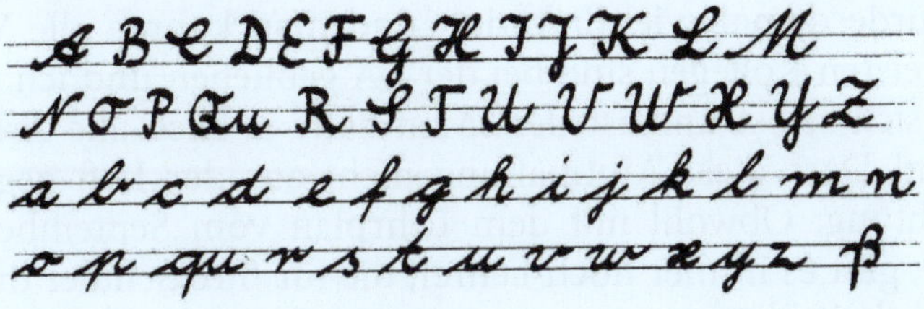

Lateinische Ausgangsschrift

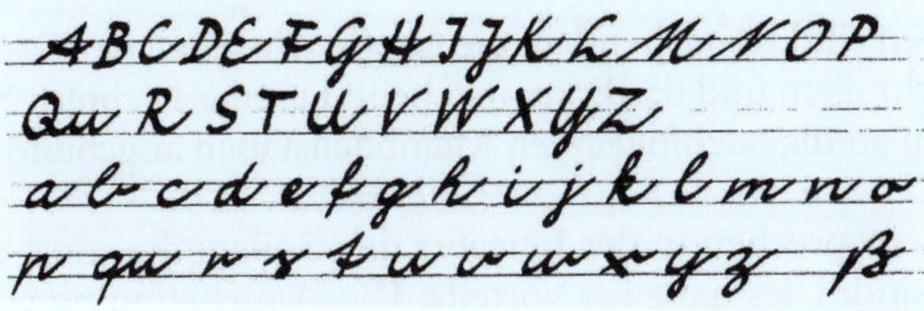

Vereinfachte Ausgangsschrift

Früher hatten die Kinder wirklich eine Qual mit der Schreibschrift. Die **Lateinische Ausgangsschrift** (LA) war voller Schnörkel und Richtungsänderungen, so dass Kinder mit feinmotorischen Problemen wirklich zu kämpfen hatten. Außerdem unterscheiden sich die Buchstaben durch die Schnörkel sehr stark von den Buchstaben der Druckschrift, was Lesen und Rechtschreiben stark erschwert. Denn für jeden Laut müssen 4 verschiedene Buchstaben gelernt werden. Vergleichen Sie mal A, C, G, H, K, S und X zwischen Druck- und

Schreibschrift. Da sind für ein Kind kaum Ähnlichkeiten zu erkennen. Beim Schreiben der Kleinbuchstaben war dann die Schwierigkeit, dass man bei der Auf- und Abwärtsbewegung die gleiche Spur wieder treffen musste. Außerdem gab es viele Richtungswechsel und die Kleinbuchstaben mussten immer an die Großbuchstaben angebunden werden. Heute hat sich – zumindest in Bayern – die **Vereinfachte Ausgangsschrift** (VA) durchgesetzt. Sie wird aber leider noch nicht konsequent benutzt!

Ausweg: Vereinfachte Ausgangsschrift – aber konsequent.

Um meinen Schülern die Qual mit der Schreibschrift zu ersparen, habe ich schon in den 1980er Jahren von der LA auf die VA umgestellt. Damals war diese Schrift in Bayern eigentlich noch gar nicht amtlich erlaubt, aber was soll´s ...

Im Kollegium wurde damals viel diskutiert und man konnte alle Vorteile der VA aufzählen: Die meisten Kollegen sind bei der LA geblieben und ich mutmaße: Man war nur zu faul, sich selbst umzustellen. Man hätte ja auch alle Arbeitsblätter neu schreiben müssen! Dass diese Mutmaßung nicht aus der Luft gegriffen ist, zeigt folgende Beobachtung: Obwohl mit dem Lehrplan vom September 2000 die VA eingeführt wurde, gibt es immer noch Lehrer, die für ihre Schüler die alten – in LA geschriebenen – Arbeitsblätter kopieren.

Nun zu den Vorteilen der VA:

Die Großbuchstaben sind weitgehend an die Großbuchstaben der Druckschrift angeglichen, was das Schreiben und das Erkennen beim Lesen erleichtert. Nicht alle Großbuchstaben müssen an die nachfolgenden Kleinbuchstaben angebunden werden.

Die Schreibzeilen entsprechen in der Lineatur den Zeilen, die sonst erst in der dritten Klasse üblich sind. Dies hat zwei Vorteile: Die Wahrnehmung wird nicht durch eine Vielzahl von Linien verwirrt und die Bewegung des Kindes wird bei Ober- und Unterlängen nicht so sehr eingeschränkt; es kann sie an das persönliche Bewegungsmuster anpassen.

Alle Kleinbuchstaben beginnen und enden an der oberen Linie der Schreibzeile, diese ist auch gleichzeitig der Haltepunkt vor Luftsprüngen.

Da a, d, g, o, qu nur durch Luftsprünge angebunden werden, entfällt das vorwärts und rückwärts Schreiben auf der gleichen Spur.

Da m, n, r weiter auseinander gezogen sind, muss bei der Aufwärtsbewegung die Abwärtsspur nicht exakt getroffen werden. (Sie sehen das besonders deutlich bei den VA - Buchstaben im Anhang, wo ich zur Erleichterung der Bewegung das r übertrieben dargestellt habe.)

Und warum muss ich darüber überhaupt noch schreiben, wenn sich die VA jetzt doch eingebürgert hat? Weil sie leider noch nicht konsequent angewandt wird. Viele Lehrer benutzen immer noch die althergebrachten Erstklässerzeilen mit 4 Linien. Oft werden die Buchstaben zusammen geschoben, so dass die Kinder doch wieder die gleiche Spur treffen müssen. Oft wird der Haltepunkt an der oberen Linie nicht beachtet, was vor allem das r zerstört: Die Kinder machen die Aufwärtsbewegung nicht konsequent bis zur Linie, um dann mit dem Verbindungshaken zu beginnen, sondern sie zielen schon während der Aufwärtsbewegung zum nächsten Buchstaben, wodurch die Verbindung dann zu einem Schnörkel verkommt. Woran liegen nun diese Inkonsequenzen und Ungenauigkeiten? Wahrscheinlich sind viele Lehrer nicht über die Details der VA unterrichtet worden. Außerdem sind die Vorlagen, die in den Klassenzimmern hängen, nicht ganz exakt. Vergleichen Sie einmal VA – Vorlagen von früher mit den Plakaten, wie sie jetzt in bayerischen Schulzimmern hängen!

Es kann natürlich auch beim Erlernen der VA vorkommen, dass sich Kinder falsche Bewegungsmuster angewöhnen. Dem kann man vorbeugen, wenn man die Buchstaben bei der Einführung aus der Liegenden Acht ableitet.[1]

Tipps: Sicherheit bei der Schreibschrift

Siehe **Gebrauchsanweisung ➔ Elternabend zur Schreibschrift**

1 R. Dümler: Irrwege und Auswege bei der Förderung von Lesen und Rechtschreiben, skript-Verlag, Neuss 2010

Einführung der Buchstaben

Da die Großbuchstaben der VA weitgehend an die Buchstaben der Druckschrift angegliedert sind, gibt es mit dem Erlernen der Großbuchstaben kaum Probleme. Die einzige „Kunst" ist es, sich an die Zeilen zu halten, da dies wichtig für die Angliederung der Folgebuchstaben ist.

Die Kleinbuchstaben werden aus der liegenden 8 erarbeitet, da hierdurch die richtige Bewegungsrichtung vorprogrammiert wird:

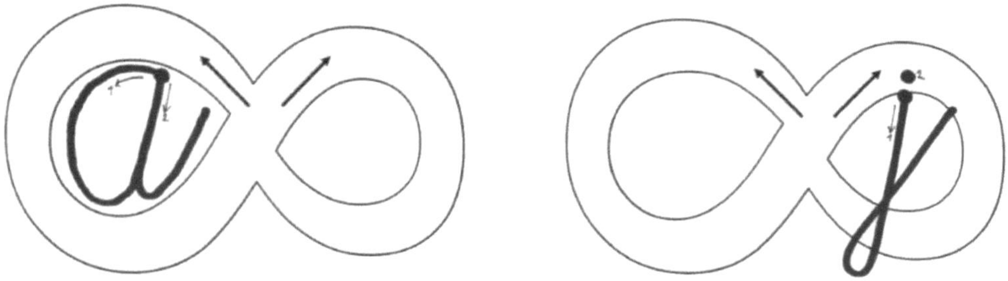

1. Aus der Mitte mit dem Finger nach **oben** fahren und dann mehrfach rundherum flitzen
2. Übung wiederholen, zum Punkt hüpfen und entsprechend der Zahlen bewegen
3. Gleiche Übung mit mehreren Wachsmalstiften

Arbeitsblätter dazu auf CD-Ordner: Modul H ➔ 8

Danach Groß- und Kleinbuchstaben in den Schreibzeilen üben.

Arbeitsblätter dazu auf CD-Ordner: Modul H ➔ groß-klein

Für die Eltern gibt es einen **Elternbrief**, damit sie wissen, wie die Buchstaben zu üben sind.

Elternbrief dazu auf CD-Ordner: Modul H ➔ Elternbrief

Verbindung der Buchstaben

Wenn alle Buchstaben gelernt und geübt sind, müssen die Kinder lernen, die Buchstaben zu verbinden. Ich habe dazu ein uraltes Werk aus den 1980er Jahren verwendet. Sie werden wahrscheinlich selbst entsprechendes Material zur Verfügung haben.

Und noch eine schwierige Frage ...

Wann soll man mit der Einführung der VA beginnen?

Ganz aktuell – bei meiner jetzigen ersten Klasse – habe ich mit der Einführung der VA in der 26. Schulwoche begonnen, also kurz vor den Pfingstferien. Bei meiner vorherigen Klasse habe ich die VA erst im zweiten Schuljahr eingeführt. Solche Entscheidungen sind nicht einfach, da man sich immer am aktuellen Leistungsstand der Klasse oder an Problemen von einzelnen Schülern orientieren muss. Grundsätzlich würde ich empfehlen, die Schreibschrift lieber später als zu früh einzuführen, da es ja um die Prävention von Schwierigkeiten geht. Falsch eingeprägte Schreibbewegungen sind hinterher kaum noch zu korrigieren!

Weiterarbeit an Modul E, F und G

Im skript-Verlag ist von Reinhard Dümler bereits erschienen:

Irrwege und Auswege bei der Förderung von Lesen und Rechtschreiben

Trotz reformierter Lehrpläne, trotz neuer Methoden beim Lesenlernen nimmt die zahl der der Schüler mit Problemen beim Lesen und Rechtschreiben nicht ab. Die Schule scheint nicht allen Kindern gerecht werden zu können. Auf der anderen Seite schießen private Lernstudios wie Pilze aus dem Boden. Nachhilfeinstitute und Ergotherapeuten spezialisieren sich auf die Legastheniker. Die Zeitungen sind voll von entsprechenden Angeboten.

Der Autor, legt seinen Finger in manche Wunde des täglichen Lese- und Rechtschreibunterrichts, Er zeigt viele Irrwege, auf die Eltern und Lehrer von Fachleuten geschickt werden. Er belässt es aber nicht dabei, die Irrwege zu kritisieren, sondern nennt in jedem Einzelfall auch mögliche Alternativen.

skript-Verlag 2010
184 Seiten, Format 17 x 22 cm, Paperback
ISBN 978-3-928249-50-8
Bestellung im Internet: www.skript-verlag.de
oder im Buchhandel

Reinhard Dümler hat darüberhinaus neben zahlreichen Fachartikeln bisher folgende Fachbücher in anderen Verlagen veröffentlicht:

- leichter lesen lernen
- Praxis der pädagogischen Kinesiologie
- Ich sag doch Lollmops (mit M. Jäcklein)
- Lese- und Rechtschreibproblemen vorbeugen

Im Jahr 2012 veröffentlichte Reinhard Dümler ein Buch mit Erinnerungen an seine Kindheit und Jugend: „Ami go home".
2015 wurde sein erster Roman veröffentlicht: YOL VAR (Es gibt einen Weg …) Ein innerer Reiseführer für die Türkei.